明代登科錄彙編十六

四川鄉試錄序

嘉靖甲子當天下大比士先是禮部因言官建白飭章程正文體遵解額二十五人而取一視諸科益詳加慎於是巡按四川監察御史鄭洛遵制貞度布著要束馳檄徼諸校職

暨小大百執事胥簡以充旣
八月壬申咸集於錦城越丙
子祗率入院以孔道偕教諭
徐守爲考試官教授林材學
正張松教諭羅煥章陳儦孫
旁沈清爲同考試官提調則
左布政使陳洪濛右參議楊

守魯監試則按察使藍璧僉

事伍令自簾以外各以秩敘

合提學副使韓子允所選士

一千七百五十人三發義試

之得通經博藝達於治理者

七十人錄其名氏與文以

獻孔道例序諸首簡乃拜手稽首

颺言曰惟
聖王法
天立道必求其端於
天今茲甲子肇起曆元寔歲會提
綱之初
天開我
皇上萬壽無疆之始太和烝洽暢

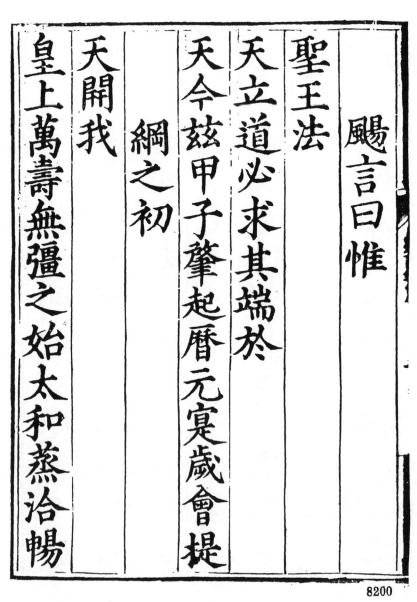

於羣生自踵跂喙息莫不懽
忻鼓舞竝觀
聖神矧菁莪棫樸之士誦服
至教造德成人所爲日久遠濟
濟峨峨願思自獻典文者力
得薦士臣子聚百順而效之
忠孰與以人事

君多哉御史乃籲衆矢言曰
聖明在
上泰道方升文昌司令
禎祥彙集其務精白一心得眞
士實才以襄
熙盛以應歲建
文明之運此大宗伯所爲宣令

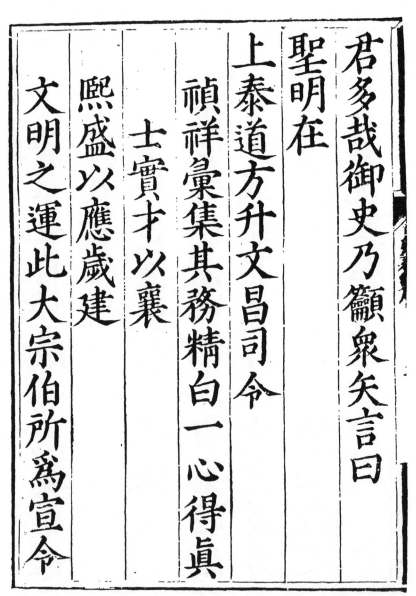

甲也盍慎諸校職肅然曰自

孔道之浮灩瀕遡沱潛而眺

岷峨也美哉翼翼乎其風會

之大都乎自孔道之披荊璧

探驪珠而覿隨和也美哉渢

渢乎其山川之炳靈乎何其

騰光敷華含精茹粹之無盡

已則千七百人者皆釁序之
高等與非精選其孰能彬彬
奕奕如此其盛者也雖然誇
蜀都之嶔崎艷藻繪之工麗
所謂攀其條而未眣其根矣
夫賢才關於世運風俗本乎
上德夫使山高而士奇是三

危皆俊民也水清而人傑是彭蠡無僻行也余聞蜀初魚鳧蠶叢彼岷峨江潛顧不具哉然俗不易也及更文翁之化人始美章服尚文字於是司馬相如楊雄或以詞賦見幸或以論著知名程蜀士而

以文章爲稱首豈皆西京詞
客者流耶傳曰地之美者善
養稼君之仁者善養士是故
堯舜之世比屋可封文王之
野兔罝爲用虞周之民非性
與人殊也蓋世平
主聖則人 服義而禔身化行俗美

則士脩行而崇道故覲凡民
之興可以頌
明主之德也覲州里之行可以頌
朝廷之政也仰惟
皇上
天縱
明聖

秉乾握符
盡倫制之經
敷敬一之訓薄海內外涵濡
堯舜治澤者餘四十年矣士安於
道民安於業編戶有位歸於
仁厚此七十子者固
雍熙悠久之所產殖也豈特

樂育之哉宜其言之𠱞於葩藻
而卒澤乎道義也夫圭璋不
琢不明其寶干將不淬不知
其利百姓不化不若其性故
昔之蜀也猶玉之在璞也
今之蜀也猶器之在冶也時遇
不同耳是以頌壽考者曰遐

不作人詠無斁者曰譽髦斯
士斯則所謂
聖人久於其道而天下化成矣地
氣曷與哉夫校文之盛至千
數百人之多信亦美矣然所
爲格於此數者獨無意與士
惟自待不厚而後加此約束

焉若猶自謂工文足稱徒使
名實弗副卽舉用將何賴耶
亦惟爾多士圖之力行以踐
其言自獻以成其信盡志畢
力相與輸忠陳悃於
上庶無負遭際
昌明之期

聖朝申重求賢之典有司者亦可
藉以逭瘝官之責已若但飭
固炫長慕相如子雲之爲人
雖有子虛上林之富長楊校
獵之奇而無補
當時之務不稱
主上之意則人將議之曰是科奉

明詔頒條格精覈品流而猶不能
識拔卓犖之才以備驅使以
祇若
休命則有司之罪將不愈重於
他科矣乎爾多士亦何以實
精選之額報
聖明之遇乎尚其勗諸是舉也先

巡撫今陞工部右侍郎總理
河道右僉都御史陳堯保民
造士風軌具存今巡撫右僉
都御史谷中虛振武脩文德
猷丕著巡撫貴州兼制湖北
川東地方右僉都御史吳維
嶽聲教所及士多漸被巡按

監察御史王大任昭憲周詢
崇雅迪教若綜理於外則右
布政使楊賢右參政孫應鰲
右參議胡直副使魏文焌陳
嘉謨陳時範僉事趙敎萬虞
龍蕭九成曹司賢喬應光防
範則署都指揮僉事管蕎王

詔陳實麒咸殫厥心力錦衣
衛指揮同知余蔭將
命秩祀恭祝
萬壽大理寺寺副陳紹登行人司
司副徐一忠以公事至皆與
聞試事者也先期入
賀右叅政鄔璉僉事金應奎及

遷秩副使劉子興熊汝達徐
維賢郭應聘僉事王時槐向
洪夙與有勞例得並書云
直隸廬州府無為州儒學學
正鄭孔道謹序

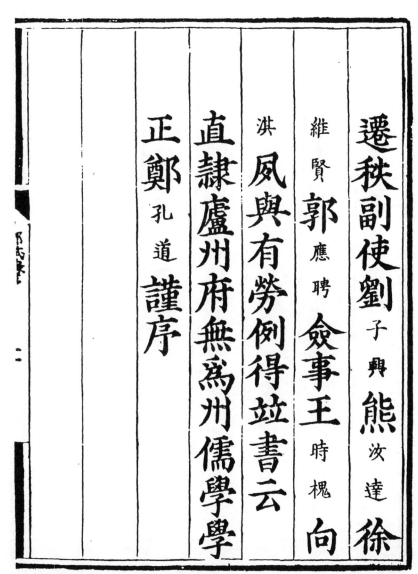

嘉靖四十三年四川鄉試

監臨官

巡按四川監察御史鄭　洛　禹秀直隸安肅縣人丙辰進士

提調官

四川等處承宣布政使司布政使陳洪濛　元卿浙江仁和縣人辛丑進士

四川等處承宣布政使司右參議楊守魯　允得彭城衛籍湖廣長沙縣人丁未進士

監試官

四川等處提刑按察司按察使藍　璧　完卿江西高安縣人丁未進士

四川等處提刑按察司僉事伍　令　思行江西安福縣人丙辰進士

考試官

直隷廬州府無為州儒學學正鄭孔道　以貞福建閩縣人乙卯貢士

浙江衢州府西安縣儒學教諭徐守　子約江西臨川縣人乙卯貢士

同考試官

湖廣衡州府儒學教授林材　廷用廣西陽朔縣籍福建仙遊縣人庚子貢士

陝西西安府華州儒學學正張松　直夫廣西宜山縣人乙卯貢士

江西袁州府宜春縣儒學教諭羅煥章　美充廣東高明縣人己酉貢士

江西廣信府貴溪縣儒學教諭陳儦　愈盛福建閩縣人己酉貢士

河南開封府鈞州新鄭縣儒學教諭孫旁　澤之貴州清平衛籍直隷如皋縣人辛酉貢士

河南南陽府唐縣儒學教諭沈　清　貞夫雲南大理衛籍浙江錢塘縣人戊午貢士

印卷官

四川等處承宣布政使司經歷司經歷胡懋昌　顯卿直隸長洲縣人監生

四川等處提刑按察司經歷司知事吳　秀　元實浙江烏程縣人監生

收掌試卷官

保寧府知府李元泰　道隆雲南中衛籍浙江餘姚縣人癸丑進士

順慶府知府丁自申　明嶽福建晉江縣人庚戌進士

敘州府知府傅應詔　起巖陝西南鄭縣人乙未進士

馬湖府知府宗　周　維翰直隸興化縣人辛卯貢士

受卷官

順慶府同知李司鎮 旦守江西泰和縣人丙午貢士

成都府通判東載 厚甫雲南曲靖衛籍直隸溧水縣人丙午貢士

成都府推官宋守約 崇要山西長治縣人壬戌進士

瀘州知州侯祚 胤先雲南楚雄衛籍直隸臨淮縣人己酉貢士

成都府崇慶州知州胡懷周 仲濂湖廣東安縣人乙卯貢士

成都府華陽縣知縣席上珍 待聘陝西南鄭縣人壬戌進士

彌封官

馬湖府同知喬椿 元齡陝西西安後衛籍山西太原縣人癸卯貢士

重慶府通判何賢彬徵廣東南海縣人己酉貢士

敘州府推官楊愈茂伯榮陝西安化縣籍三原縣人壬戌進士

成都府緜州知州黃繼周允南福建莆田縣人癸卯貢士

重慶府涪州知州沈橋仰甫陝西西安前衛籍浙江長興縣人丙午貢士

敘州府富順縣知縣陳謨子明湖廣麻城縣人壬戌進士

謄錄官

烏蒙軍民府通判戴汝器巨鼎江西萬安縣人丙午貢士

重慶府推官皮汝謙子揚雲南安化衛籍直隸英山縣人壬戌進士

重慶府合州知州唐宗元以善湖廣靖州人壬子貢士

成都府簡州知州袁　亮 執夫湖廣麻城縣人 壬子貢士

成都府資陽縣知縣周良卿 汝爲貴州興隆衛籍江西臨川縣人己酉貢士

成都府資縣知縣吳宗堯 協卿雲南騰衝衛籍浙江餘姚縣人癸卯貢士

潼川州中江縣知縣殷有學 可仕雲南昆明縣人 癸卯貢士

對讀官

保寧府劍州知州奚世文 仲載湖廣黃岡縣人 丙午貢士

重慶府安居縣知縣胡　秉 伯載貴州衛籍山西大同縣人己酉貢士

保寧府廣元縣知縣沈本泗 宗孔陜西洵陽縣人 丙午貢士

順慶府西充縣知縣王萬運 德昌雲南臨安衛籍直隸五河縣人壬子貢士

眉州彭山縣知縣李時沛 子達雲南昆明縣人 壬子貢士

潼川州鹽亭縣知縣吳之翰 維憲湖廣蘄州人 丙午貢士

巡綽官

成都中衛指揮使王化敷 汝成直隸華亭縣人

成都前衛指揮使劉武 鎮遠直隸臨淮縣人

寧川衛指揮同知廉忠 元孝山東歷城縣人

成都前衛指揮僉事葛瓊 子華直隸海門縣人

成都前衛指揮僉事李繼勳 克紹直隸盱眙縣人

成都後衛指揮僉事檀繼勳 德卿直隸泗州人

搜檢官

成都右衛前所正千戶許成名 實卿直隸懷遠縣人

成都前衛左所正千戶劉　敷 汝學山東長清縣人

寧川衛左所正千戶李光啓 中孚山西澤州人

成都中衛左所副千戶陳　善 子敬直隸吳縣人

寧川衛中所副千戶陳於鑑 敬甫直隸繁昌縣人

成都後衛衛鎮撫梁　恩 天錫湖廣黃岡縣人

供給官

四川等處承宣布政使司照磨所檢校錢應陽 汝正浙江長興縣人監生

四川等處提刑按察司照磨所照磨陳思忠 子直湖廣永明縣人監生

成都府通判張文奎 質甫雲南大理衛籍直隸興化縣乙酉貢士

成都府通判崔翰 周卿貴州前衛籍山東陽信縣人乙酉貢士

成都府漢州知州陳賢 思齊廣東南海縣人甲午貢士

成都府威州知州饒才 德夫貴州思南府籍江西清江縣人庚子貢士

順慶府廣安州知州張澤 惟學直隸桐城縣人監生

成都中衛經歷司經歷唐本積 汝周廣西全州人吏員

成都前衛經歷司經歷韋宗義 汝由陝西富平縣人吏員

寧川衛經歷司經歷暨謙甫 惟亨福建崇安縣人知印

嘉定州判官陳鵷　文儀直隸華亭縣人吏員

成都府成都縣知縣劉維藩　仲德雲南蒙化府籍江西金谿縣人壬子貢士

成都府雙流縣知縣何朝佩　崇敬廣西富川縣人乙卯貢士

成都府仁壽縣知縣周大繡　國衆雲南蒙化衞籍江西安仁縣人戊午貢士

成都府威州保縣知縣白采　敏卿貴州前衞籍錦衣衞人戊午貢士

保寧府閬中縣知縣廉汝爲　子宣陝西城固縣人己酉貢士

順慶府廣安州岳池縣知縣章鳳韶　瑞成貴州前衞籍直隸吳縣人戊午貢士

嘉定州榮縣知縣李石嶺　國瞻湖廣澧州人乙卯貢士

四川都指揮使司斷事司吏目黃世榮　伯仁河南鄭州人吏員

成都府經歷司知事張　義　汝宜順天府霸州人吏員

順慶府照磨所檢校韓　吉　天相直隸易州人監生

成都府緜州彰明縣主簿謝良貴　國重直隸大河衛人監生

潼川州遂寧縣主簿熊　甫　弘卿江西吉水縣人吏員

成都府成都縣典史周秀華　克實湖廣松滋縣籍江西吉水縣人吏員

成都府仁壽縣典史蘇向陽　天和雲南太和縣人吏員

成都府崇寧縣典史賴德潤　子誠江西瑞金縣人吏員

成都府彭縣典史梁鳴鶴　九臯陜西安化縣人吏員

保寧府蒼溪縣典史党公輔　良弼陜西高陵縣人吏員

夔州府梁山縣典史王志重 希仁湖廣大冶縣人吏員

成都府漢州廣漢驛驛丞馬九州 建夫直隸衡水縣人承差

保寧府南部縣柳邊驛驛丞蔡六卿 仲良浙江餘姚縣人承差

潼川州射洪縣九井驛驛丞楊禹佐 希益陝西扶風縣人承差

第壹場

四書

君子喻於義

日月星辰繫焉萬物覆焉

形色天性也惟聖人然後可以踐形

易

唯君子爲能通天下之志

九二之孚有喜也

夫乾其靜也專其動也直是以大生焉

履信思乎順又以尚賢也是以自天祐之

吉无不利也

書

野無遺賢萬邦咸寧

式敷民德永肩一心

自成湯至于帝乙罔不明德恤祀亦惟天

丕建保乂有殷

天惟純佑命則商實百姓王人罔不秉德

明恤小臣屏侯甸矧咸奔走惟茲惟德

穧用乂厥辟

詩

七月鳴鵙八月載績載玄載黃我朱孔陽
爲公子裳四月秀葽五月鳴蜩八月其
穫十月隕蘀一之日于貉取彼狐貍爲
公子裘

如月之恒如日之升如南山之壽

昭事上帝聿懷多福

豐年多黍多稌亦有高廩萬億及秭爲酒

爲醴烝畀祖妣以洽百禮降福孔皆

春秋

夏六月公會齊侯宋公陳侯鄭伯同盟于
幽　莊公二十有七年公會齊人宋人救
鄭　莊公二十有八年
冬十月甲午叔孫得臣敗狄于鹹　文公十
有一年
楚子鄭人侵陳遂侵宋　晉趙盾帥師救
陳　宋公陳侯衛侯曹伯會晉師于棐

林伐鄭宣公元年

公會晉侯及吳子于黃池哀公十有三年

禮記

考禮正刑一德以尊于天子

鳳皇麒麟皆在郊棷龜龍在宮沼

唯聖人爲能饗帝

溫良者仁之本也敬愼者仁之地也寬裕

者仁之作也孫接者仁之能也禮節者

仁之貌也言談者仁之文也歌樂者仁

之和也分散者仁之施也儒皆兼此而
有之猶且不敢言仁也其尊讓有如此
者

第貳場

論

大哉聖人之道

詔誥表內科一道

擬漢賜民年八十已上者米肉九十已上
者加帛絮詔文帝元年

擬唐以張九齡爲中書侍郎同平章事誥

開元二十一年

擬宋行崇天萬年曆羣臣賀表慶曆元年

判語五條

官吏給由

功臣田土

禁止迎送

門禁鎖鑰

修理倉庫

第叄場

策五道

問書稱惟天陰騭下民相協厥居天乃錫

禹洪範九疇彝倫攸敘夫懿德天常同

出一原脩道敦仁合爲一理故作善降

之百祥建極錫厥五福可明徵矣洪惟

我

成祖文皇帝取古善行獲報者集

爲善陰騭一書其首尾該括有

淵旨與不分例類彙次簡要亦有在與
宣宗章皇帝取古嘉言善行集
五倫書一編於臣道加詳有
謨訓矣冠以總論分列衆目可備述乎我
皇上道濟羣生澤及萬物然
聖心眷眷猶恐一夫不獲其所
詔欽恤以理冤滯
造橋梁以濟徒涉
出帑金以賑荒饉

施藥麋以救困窮要皆
發自一念
親親之仁推爲愛民利物之政仰覩
明倫大典之頒
欽天頌記之作
讀五倫之書有述贊
列祖之德有詩
善繼善承盡倫盡制蓋兼
二聖製作而躬行之是以餘四十年來

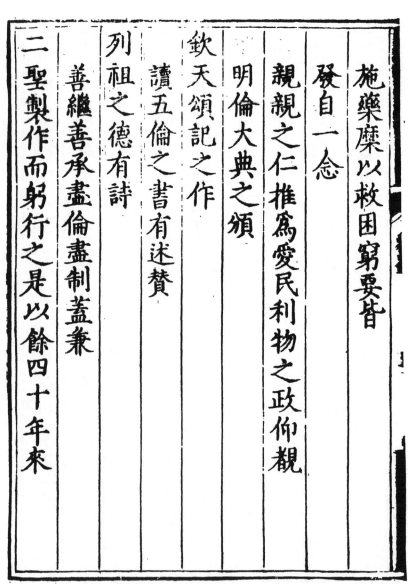

諸福備隆
天保定固乃今甲子重開益增
億萬年無疆之壽豈非
至德感應
上帝所陰隲而篤厚之乎爾多士涵濡
聖化久矣其於
帝制神功必能對揚稱頌以鳴
國家之盛
問四瀆惟長江爲大五岳以崑崙爲首然

皆發脉西土今考南紀北紀之派經緯
於函夏而區域乎列國南戒北戒之宗
奠位於堪輿而表鎮乎方岳蓋通天下
大界限也可得詳與蜀流之入於江者
內水之名有七外水之名有三其分合
亦可指與而沱潛曷辨羣山之起於岷
者循南戒則負地絡之陽循北戒則負
地絡之陰其向背亦有說與而嶓岷曷
別懸象在天其本在地雖星漢亦各有

所通也我
皇上爲山河大地億萬年華夷之
主每三歲率遣官致祭卽帝舜望於山川徧於
羣神之鉅典也諸生長育西陲素有考
著尚鋪張揚厲之以觀博雅之學
問經以載道史以紀事也昔人有言經與
史其義一其體二體不相沿而用實相
資其說然否五經出自秦火漢以來諸
儒雖傳授各家莫非宗經翼聖者而擬

經自楊雄始三史傳自春秋漢以後諸
史雖編纂不同莫非紀事裒錄者而擬
史自譙周始厥後王通趙曄司馬光東
晳白居易皆儒家者流羣踵而擬之于
寶孫盛吳筠令狐德棻皆史家者流亦
羣踵而擬之今其書具在有曰太玄曰
續經曰吳越春秋曰補亡曰潛虛曰湯
征果不叛於五經之旨趣歟有曰古史
攷曰左氏外傳曰晉春秋曰齊春秋曰

周書果克繼夫三史之事詞歟之數子
者慕其似而欲盜其眞襲人之長以蓋
己之短其殫精多而用思苦與夫漢初
經史二氏所著述者孰得孰失可指而
言歟夫學者吐辭爲經述事爲史擬經
與史若無害也而數子業已爲之輒取
後人譏評豈經史不可擬歟抑不必擬
也或謂經無文法史貴實錄雄周輩無
乃文近似而實則非然則學經史者將

安取束哉夫以彼博學高才冠絕當代
卽翊經繼史有作陵轢百氏可矣胡乃
模擬文法研積記述蹈無根之學啓後
世之譏耶雄周固蜀産也諸士子誦習
經史擬議于斯二者必精矣願聞其說

問士之立身以忠孝爲主本是皆原於性
初非岐而二者粵求之古克蓋前愆者
俾從欲之治丕承先德者成篤棐之休
聖人性盡德全未可以孝名亦未可以

忠名也後世之學各就其資之所近故代有奇士亦鮮完德試取節焉與諸士子商之受羹遺母者有納約之義望雲思親者成取日之功忠孝果兩全乎若爲君而諜國者未免其父而皆以身徇委贄而致身者致累其母而因爲去留生實之難一也而或徇或避避峻阪之險一也而或避或趨均之奪情也或赴或不赴均之報主也或爲其難而或爲其

易陳情臥冰孰不知其孝而郎署大保
於忠何如也銳圖興復獨守孤城孰不
知其忠而絕裾亟戰於孝何如也論世
以尚友考古以得師學者不容以已也
抑平居尚志別有所期乎
問錢幣之法王者導利通諸上下所從來
遠矣歷代變更不知凡幾其體制之沿
革補捄之得失可歷數而詳較與蜀自
漢文帝賜鄧通嚴道銅山其利已博昭

烈而後爲用寖廣公孫述始造用鐵錢
乃一時竊據窘計已無足道至宋遂並
立四監莫此爲盛亦有故與我
國家設寶源局以造錢幣
皇上中興嗣烈更鑄新錢益昭
時制中外臣民翕然稱便久矣乃布在四方
者尚未盡行若蜀則幷前代者一切不
用豈有司未嘗立法以通之與抑恐其
卽山鼓鑄而預杜之也夫鐵錢重贅難

溢廢之誠是也然泉貨不通而贋銀公
行幣輕物重券實價虛相率爲僞而無
所底止獄訟繁興而莫可究詰可勿講
與夫斂散輕重之權當出於上者也
今嘉靖通寶都市通行盡祛夙弊乃小大罔
不利賴況又增鑄滇中運經川道獨不
可推廣而行之乎
國家當
明聖一統之會又蜀民值財用困敝之餘顧此

泉府尚壅滯而未通乃臣下於崇
制信度足
國裕民之道似不可不亟講也伊欲革薄而
歸之忠用貴以權夫賤果何術而後可
諸士其詳陳之勿略

中式舉人七十名

第一名陳惟直　洪雅縣學生　易

第二名馬會卿　內江縣學生　書

第三名張　維　榮　縣學生　詩

第四名高啓愚　銅梁縣學生　禮記

第五名劉起涑　巴縣學附學生　春秋

第六名楊師心　華陽縣學附學生　詩

第七名黃夢壽　敘州府學增廣生　易

第八名蕭　茀　內江縣學生　書

第九名尹從教　宜賓縣學生　詩

第十名王　佐　順慶府學增廣生　易

第十一名胡封蔡　新繁縣學生　書

第十二名王以脩　達州學生　詩

第十三名張仲權　合州學生　詩

第十四名楊養湛　馬湖府學生　春秋

第十五名張　向　合州學生　書

第十六名張仕可　涪州學生　易

第十七名郭升階　敘州府學增廣生　詩
第十八名曾所能　涪州學生　易
第十九名王三錫　內江縣學生　書
第二十名李時達　井研縣學生　詩
第二十一名涂天民　富順縣學生　詩
第二十二名張鎔　合州學增廣生　春秋
第二十三名古之賢　梁山縣學生　禮記
第二十四名譙田龍　順慶府學生　易
第二十五名宋儒　夾江縣學生　書

第二十六名黃世脩　酆都縣學增廣生　詩

第二十七名何子明　順慶府學生　易

第二十八名王　儼　威遠縣學生　詩

第二十九名陸　玠　合江縣學附學生　易

第三十名鄧林喬　內江縣學生　書

第三十一名劉應魁　富順縣學附學生　詩

第三十二名羅惟垣　嘉定州學生　易

第三十三名何　矩　保寧府學生　春秋

第三十四名楊萬仞　新繁縣學生　詩

第三十五名戢汝止　簡州學生　書

第三十六名王道成　重慶府學生　易

第三十七名楊　浚　南充縣學生　詩

第三十八名張允孚　眉州學增廣生　詩

第三十九名詹貞吉　重慶府學附學生　易

第四十名陳克勤　資縣學增廣生　書

第四十一名郭維垣　大足縣學生　詩

第四十二名易　元　保寧府學生　詩

第四十三名趙民容　重慶府學增廣生　易

第四十四名曾繼先　酆都縣學生　春秋
第四十五名傅　寵　巴縣學增廣生　書
第四十六名熊正顒　敘州府學增廣生　詩
第四十七名尹待聘　璧山縣學生　易
第四十八名呂宗儒　資陽縣學生　詩
第四十九名李　梧　納谿縣學生　書
第五十名王奇嗣　蓬州學生　詩
第五十一名雍之可　南充縣學附學生　易
第五十二名黃維袞　雅州學生　詩

第五十三名王　湘　富順縣學附學生　易

第五十四名李　蓋　成都縣學生　詩

第五十五名賈德卿　華陽縣學生　易

第五十六名胡　寧　瀘州學附學生　書

第五十七名葉經雨　富順縣學增廣生　詩

第五十八名周世科　內江縣學增廣生　禮記

第五十九名庚高明　合州學生　易

第六十名年　衡　綦江縣學生　書

第六十一名何穎淑　榮縣學增廣生　詩

第六十二名楊企周　敘州府學生　易
第六十三名喻思恪　榮昌縣學附學生　詩
第六十四名李春先　犍爲縣學生　詩
第六十五名吳　謙　瀘州學生　書
第六十六名黃　著　酆都縣學生　春秋
第六十七名倪斯蘭　重慶府學增廣生　易
第六十八名喻應台　榮昌縣學生　詩
第六十九名劉惟楠　南溪縣學生　易
第七十名楊春元　中江縣學生　詩

第壹場

四書

君子喻於義

張維

同考試官教諭羅　批　講喻字以明便作主而後定見定守協於中正深爲得旨末復歸於心術尤非淺學可到此必精義而有得者允宜高薦

同考試官學正張　批　喻義處士子頗能言之求其精純簡古無踰此篇宜錄以式

考試官教諭徐　批　體認明切措詞典雅

考試官學正鄭 批 簡健圓融發明邃徹

君子之心知有義而已蓋君子純乎理者也自義之外何容心哉昔夫子之意若謂學問始於心術之微人品辨於理欲之際彼得天之利涵之爲一心之制立人之道散之爲萬事之宜是義也人皆具之喻者寡矣唯君子氣質清明渾舍乎道心之妙問學精密疏觀乎物則之原故能於是義也明足以察幾而體驗之也詳健足以致決而擴充之也至以之而存心匪義弗質

也志之所尚在是故定見之獨精者亦在是凡似義而非義者不得以淆其正以之而制事匪義弗比也心之所知在是故定守之獨力者亦在是凡非義而爲義者尤足以協於中明庶物察人倫皆義也皆其心之所獨喻者也旣析之精又合之盡其知而好好而樂者乎守經常達權變皆義也皆其喻之所獨眞者也惟體之信故達斯順其性而習習而安者乎吁此君子之心術所以爲正而非人之所能及也雖然仁義

一道也君子言喻義不言喻仁何也噫此聖人天道之極致未易言也蓋天以陰陽生萬物匪陰則物弗制聖人以仁義應萬事匪義則事弗裁然陰陽生於太極仁義原於心極其理一耳是故達觀乎天人之妙者而後可以語君子精義之學

日月星辰繫焉萬物覆焉

馬魯卿

同考試官教諭沈　批　發明天道不貳之妙精當

同考試官教授林　批　場中講日月星辰萬物處類多浮冗

此作獨精詣古雅是有心得者

考試官教諭徐　批　理明詞暢

考試官學正鄭　批　瑩潔

中庸極言天道之功用不貳之妙見矣夫懸象覆物天道之功用可謂極其盛矣何莫非一誠之所為哉中庸之言若謂聖人與天道同其妙天道以不貳顯諸神昭昭不足以盡天矣其無窮之妙當何如彼仰觀於上日月星辰象不一

也人見其竝行不相悖矣而不知天寔繫之太虛涵樞紐之眞故法象顯布昭之妙一往一來貞明以得天而久照或見或隱次舍以順天而左旋蓋日月星辰雖高也不能外天自爲之高若有物焉以潛繫之而莫得其朕兆者矣俯察於下舍生分類物至萬也人見其竝育不相害矣而不知天寔覆之於穆運純粹之精故品彙荷㣲懞之盛氣化形化盡天下而皆在於丕冒之中有情無情合羣生而竝包於鈞陶之內蓋

萬物雖多也不能外天自爲之多若有物焉以眞宰之而莫識其幾微者矣夫天道無窮之盛如此信乎昭昭不足以言天矣要之皆不貳之所致也聖同天不可以觀其深乎豈惟是哉列象之錯綜迭運也聖人奠位之萬物之雜揉異宜也聖人治教之是聖人不惟同天地之大抑且賛造化之深易曰后財成天地之道微聖人吾誰與歸

形色天性也惟聖人然後可以踐形

陳惟直

同考試官教諭陳　批　理趣沛融尤得聖人達天盡性之旨詞不費而意獨至

考試官教諭徐　批　其旨切近精實其文條暢典則一洗時義之冗宜錄式

考試官學正鄭　批　簡當爾雅冠場

大賢指性具於人而獨盡於聖焉夫形性相待以有成者也非聖人其孰能盡之孟子之意若曰道不遠人者也自形性分而後離道遠矣兼

體不累者其唯聖人乎是故人有生而形斯具形非淆諸物也成之以氣者不能不賦之以理形既具而色斯存色非滯於形也塞之爲體者不能不帥之爲性分而言之有此形色則亦有此天性道器妙於同歸統而言之莫非形色則亦莫非天性物則合於一致此固凡民所同具也人惟不知所以盡性斯不可語踐形矣惟聖人者爲天心所獨厚靈承乎二五之精會人道之全體默成乎帝天之撰緣物以察則凡理之

賦是形者無不全性焉而適得其所以爲性體道以成身凡形之具是理者無不盡形焉而能踐其所以爲形分之爲泛應曲當一形一色各得其當然之妙也統之爲萬物咸備形形色色咸率其本體之眞也至是則形性全而人道備聖人之所以立人極於天下者在是矣雖然聖人之踐形豈物物而爲之所耶亦曰求端於心而已蓋心極立而百體從太極涵而萬化出聖人與昊天同一道也否則物物而爲之正天與

聖人亦勞矣吁必明此而後可以言踐形惟肖
之學
易
唯君子為能通天下之志
陳惟直
同考試官教諭陳　批　發明大同之道潔詞微旨篤求無盡
必深於易者
考試官教諭徐　批　理致精當
考試官學正鄭　批　平正典則

彖傳推言君子大同之道惟其本於正也夫正
者人心同然之理也推之天下而有不同者哉
彖傳釋同人利貞之義蓋謂貞於一而不異者
理之正通於人而無間者道之公卦之德體文
明以健中正而應固皆君子之正矣夫正非一
人之私情也而天德之純有以會物我於一原
亦非人情之强同也而道心之主足以合天下
於無外明通公溥而精神之所契合者自潛乎
乎通一無二之機至正明達而意氣之所流通

者自默契其當然不易之則人見天下之分者殊若難必其歸於同也而不知君子此心天下亦此心不將不迎之中已寓夫必信必親之妙而莫知其然矣人見天下之動至賾若難必其協於一也而不知人同此心則亦同此理無意無必之間已具夫易知易從之道而莫之能禦矣有諸已者通諸人而非分我之所有也足乎此者達乎彼而非强人以本無也要之君子之心同以天下不同以人天下之志通於理不通於

欲否則私情之合感且不應矣何以致亨而利涉哉噫同人之道達之天下君子所以大居正歟抑論之君子和而不同不貴於同也貴同而賤獨不貴於不同也當何如而後可大抵心公理得雖一物無濟而不害其爲同心私道違雖以身殉天下而不免於爲獨聖人于野于宗之辯審矣故曰君子以同而異

履信思乎順又以尚賢也是以自天祐之

吉无不利也

黃夢壽

同考試官教諭陳　批　尚賢本自信順中來古无不利亦天人所助之極致爾是作體認眞切文尤雄渾宜冠多士

考試官教諭徐　批　朗暢瑩徹

考試官學正鄭　批　詞藴藉而理融透

人君有合天之道而獲天眷之隆焉夫信順爲天人所助則固合德於天矣天其有不眷者哉大傳釋大有上九爻義若謂人君處大有之極而得天心之祐者豈倖致歟亦以信順爲格天

之本而六五則信順之賢也上九有是德而下
是賢焉則本其身之所履者循天理以推行而
純王之心體之於實踐之地卽其心之所思者
存天理以游息而大君之宜養之於和平之中
知五爲虛中之賢也以巳之信而尚其信焉推
誠以相體者有以感一德於交孚而人之所助
存乎我矣知五爲柔中之賢也以巳之順而尚
其順焉協心於和衷者有以撝謙光於受益而
天之所助存乎我矣斯則合信順之極功爲處

有之盡善但見其動罔不臧若或翼之而衆妙之旁通無適而非其旋之吉行無不利若或相之而百順之攸備何莫而非申命之休雖無意於吉大來也然有大而能謙而帝則之默順者卽帝心之簡在惠迪之吉其流衍於不窮矣乎雖不期於無不利也然覆盈而守道而天則之不違者卽天心之降監順理之裕其引伸而勿替矣乎是蓋惟德動天其機相爲感通而惟天眷德其應速於影響大有上九之獲天祐而吉

無不利也宜哉抑天人交助祐莫大於此矣猶必推之尚賢者蓋天命人心得人以祈求之獲信思順得人以交脩之此固保大持有之盛業久安長治之弘功也雖然脩身取人之本也使非信順之君亦何以恢下賢之德耶故曰純心要矣用賢急焉

書

野無遺賢萬邦咸寧

蕭荓

同考試官教諭沈　批　發明用賢安民之盛辭約意周一結宛然虞廷氣象

同考試官教授林　批　以經講經非經義淹貫者不能是作得之允宜爲式

考試官教諭徐　批　精確

考試官學正鄭　批　明雅

賢皆用而民舉安克艱之效大矣蓋君臣克艱凡以爲用賢安民計也功效相因之盛固有自哉此帝舜答禹之言其意若謂君道在知人在

安民然不可以易能也君臣克艱其效何如彼
國家以籲俊爲心固嘗闢四門以開賢路矣然
承之庸之者未盡也今則純心可以用人知恤
足以宅俊黎獻與帝臣之願咸效夫股肱耳目
之資九德切咸事之心皆任夫亮采浚明之寄
昔也畎畝之遺民今晉陟爲廟廊之吉士矣孰
肯無心於奮庸而側陋之賢尚有未揚者與國
家以居師爲念固嘗咨四岳以察民隱矣然不
親不遜者可憂也今則敬德有以誠民寅恭乃

可底績綏有衆於容保之天一夫無不獲之嘆
囿羣生於敎思之內四方有風動之休昔也昏
墊之情狀今丕變爲雍熙之景象矣孰有自外
于協和而阻饑之衆尚復艱食者與吁知人智
之事也安民仁之事也克艱之道誠大矣非帝
孰時克耶噫帝之心未已也方且兢兢焉日致
其道而昊天之欽人時之敬若時若采之咨不
一足焉孰非克艱之大者耶雖然禹方以是而
祇承於舜舜郎以是而歸美於堯唐虞君臣之

氣象率若此

自成湯至于帝乙罔不明德恤祀亦惟天

丕建保乂有殷

馬魯卿

同考試官教諭沈　批　世德作求商家所以延祚子能揄揚盛美而純又典雅可章程取之以式多士

同考試官教授林　批　發先王昭受之實典則雅暢必士之有實蘊而吐光華者也允宜魁薦

考試官教諭徐　批　古健

考試官學正鄭　批　醇正

商王世盡君道因獲天眷之隆焉蓋明德恤祀皆君道之大者也商王能世盡之天眷之隆端有自矣周公誥多士之意若曰天命固難於圖度君道寔足以昭受盡觀之商王矣乎是故以成湯丕顯於前以帝乙丕承於後賢聖之君非一作也皆知德者格天之本不可以不明而所以爲日新爲懋德者莫不自昭其光大之眞奕世相承非一日也皆知祀者祈天之典不可以

不恤而所以爲祇肅爲恪愼者罔不克盡乎明
禋之敬以之而脩身以之而事神葢授守同一
道矣明此而創業明此而繼統葢後先其照映
矣此固自能其君道非敢取必於天意也然德
之明也勿替則所以克享乎天心者亦勿替自
有以固國祚於有道之長祀之恤也愈隆則所
以靈承乎帝貺也亦愈隆自有以衍治澤於無
疆之慶或畀之以純佑之命或徵之爲天壽之
祥天之所以大建於商者在成湯猶在帝乙者

矣戩穀之申錫爲止極耶或極之爲皇天之格或顯之爲王家之乂商之所以保乂於天者在帝乙猶在成湯者矣純嘏之寵綏寧有窮耶夫有商歷世之君皆能盡道得天如此爾多士信有不能忘情者矣抑明德恤祀帝王相傳之要道也是故峻德明矣而上帝之類不敢後玄德升矣而文祖之格不敢緩振古若茲豈獨商君已耶雖然堯之欽明舜之精一成湯之聖敬日躋然則所以明焉恤焉者其有本又如此

詩

如月之恒如日之升如南山之壽

張維

同考試官教諭羅　批　題重祝君之福場中類能言之是作重講福之進於發揮如字精切深得大臣忠愛之體

同考試官學正張　批　氣雄而詞自忠文簡而理自融可以占所養矣

考試官教諭徐　批　意象恢宏善說詩者

考試官學正鄭　批　莊整懇切

臣子願神之福君必擬諸天象之進地勢之久焉蓋進盛悠久帝王之純嘏也臣子願君而兩有以擬之忠愛之心何至哉昔周臣答君之意蓋曰吾君以孝享之誠而獲明神之貺夫固卜之以萬壽貽之以多福矣其所以永言保之者何如哉自今觀之帝運以盈成爲盛而瑞慶方來斯爲福之至也神之福吾君也殆必昭明介其始而駸駸乎有以顯泰道於方新高朗肇其端而恢恢乎有以享豐亨於初至進盛之象其

如月之恒乎如日之升乎蓋日月之相推也無停機福履之申錫也無止極所謂與天同運是已則夫吾君照臨乎下土者果孰得而限量之耶皇圖以安貞爲吉而受命靈長乃爲福之善也神之福吾君也殆必正位以凝命而緜緜乎衍萬年有道之長敦艮以厚基而巍巍乎奠四海無虞之治悠久之象其如南山之壽乎蓋山之常峙也與世齊君之常尊也與山竝所謂應地無疆是已則夫吾君恭已於南面者又孰得

而限量之耶吁此神貺之所獨隆而臣子之所
深願者也忠愛之心寧有旣哉易曰天道下濟
而光明地道卑而上行喻君臣之交慶也有周
盛時君以鹿鳴燕其臣臣歌天保以祝其君而
取象必於是焉所謂太和在成周宇宙間也雖
然進之以日月則必有以爲光被之本壽之以
南山則必有以培豐芑之仁此又周臣之所以
爲善頌歟

昭事上帝聿懷多福

楊師心

同考試官教諭羅　批　一敬格天文王之德于是爲盛此作發明甚悉而結以法天法祖尤得詩人之意

同考試官學正張　批　天人感應之理說得明爽且詞氣春容蓋深達和平之旨者

考試官教諭徐　批　純正典雅

考試官學正鄭　批　善言事天之實

聖人盡事天之誠而因有以受天之祜焉甚矣文王之德之純也事天明而繁祉集焉謂非王

業之所由基哉周公欲啓成王以保泰之道故陳先王受命之由蓋曰遠而相懸者天人之勢應而不爽者感通之機王知文王之所以事天者乎蓋其至德淵懿而對越乎天者恒凝其精白之念聖敬緝熙而祇承于帝者每切夫欽翼之衷時有動靜也心無息而非敬存其神以契天之神者一同運而無間焉地有隱顯也敬無適而不存察其則以順帝之則者一周旋而弗違焉是敬天之心純而事天之道盡矣由是誠

之所格神斯格焉而寵綏為之有加德之所聚福亦聚焉而敷錫以之不匱福于其家焉則本支百世以篤周祜者恒於斯敬之日躋慶之所以大來也曷嘗有所期耶福于其國焉則多士克生以楨王國者恒於斯德之無斁命之所以不已也孰非其自至耶是知君有明德則天有顯命一機之相為感也有周一代維新之運實文王有以啓之矣嗣成業者其可忘所自耶抑周公陳說於成王獨舉文武受命之事諄諄不

置何耶蓋人君之德莫大於法天與祖法天則必思所以端祈天求命之本法祖則必求所以盡善繼善述之道他日成王學有緝熙基命宥密卒能明文昭定武烈爲有周令主嗚呼其得於周公啓沃者深矣

春秋

夏六月公會齊侯宋公陳侯鄭伯同盟于幽

莊公二十有七年

公會齊人宋人救鄭

莊公二十有八年

劉起涑

考試官教諭徐　批　齊桓圖霸僅未成功次第此作發揮殆盡足慰麟經

考試官學正鄭　批　義趣周匝而關鍵轉折精采過人可錄以式

霸主始服貳而見合天下之勢繼恤貳而見安天下之功此鄭有關於桓霸多矣幽之盟純門之救皆安攘之大幾也春秋得無意乎齊自北杏以來已偃然爲諸侯之長矣若之何勢猶未

集而有待於幽之盟耶蓋霸圖之合散驗於人心之從違也前此鄭伯嘗貳於齊矣使猶夫齊焉鄭其敢圖耶至是桓也糾合日勤諸侯克協駸駸乎有一匡之略矣鄭雖反復安得不畏服焉而歸之心哉故鄭伯前非不盟也始於是盟之欲同也諸侯未始不同也同於欲盟之鄭伯也鄭一服而天下之心咸服矣自是而率之會歟首止葵丘之盛此其發端也聖人幸春秋之有桓而尤幸桓之得衆故於幽而書曰同所謂

諸侯同欲而同盟者也不然盟非所貴矣君子
何樂乎有是耶齊自盟幽以來已翕然得天下
之勢矣若之何事猶未見而有待於鄭之救耶
蓋霸業之光啓徵於事功之表樹也前此鄭人
既屬於齊矣使遺其患焉齊何用霸耶幸而桓
也三國鼓行子元夜遁章章乎申安攘之義矣
楚雖强横安得不震慴焉而引之去哉故不特
恤鄭已也鄭存而後楚可攘也不特却楚已也
楚退而後中國始息也一鄭安而天下之民舉

安矣自是而驅之前歟陘亭召陵之師此其首倡也聖人幸諸侯之有齊而尤幸齊之有鄭故於鄭而書曰救所謂凡救未有不善之者也不然將卑師少矣君子何取於斯師耶噫此夷夏盛衰之際也聖人爲世道計亦深切哉於此焉可以見人心矣春秋之初未始有霸也而桓創爲之故經營數十年之久始能得鄭所以念之者亦深矣否則寮一之疑猶前志也雖然首止未幾而逃歸不盟謂之終同可耶故春秋不得

已而予桓

楚子鄭人侵陳遂侵宋　晉趙盾帥師救

陳　宋公陳侯衛侯曹伯會晉師于棐

林伐鄭　宣公元年

楊養湛

考試官教諭徐　批　傳意全重君臣夷夏以正鄭之不義

作者辯析未明體格欠當是作發明布置獨有典則錄之以式

考試官學正鄭　批　中國伐救之兵正以鄭之不義子能

體認發揮深於經義者矣

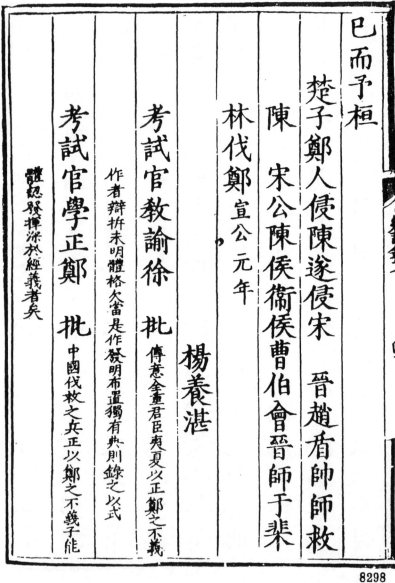

春秋正貳國之非義必兩鄭伯兵以見之也此鄭伯附楚以侵陳宋不義甚矣寧不來中國之義兵乎春秋人鄭而書侵有以也昔鄭伯背晉從楚侵陳與宋於是晉趙盾帥師救陳會諸侯以伐鄭焉君子曰義莫大於君臣之分尤莫謹於夷夏之防晉之釋宋大義不明鄭之背之也似也然晉可背矣楚獨可從乎不滿於素親之伯失身於可賤之人是蓋甘於附夷藉晉以為口實爾不然晉之外豈無可以托國者而何擇

於楚耶宋之失討義所不容鄭之凌之也似也然宋可討矣陳獨何辜乎法未正於有罪之國暴先加於元聖之裔是蓋狃於憑夏由陳宋以開其釁爾不然楚之兵初非有嚮導者豈能亟逞于中國也耶九伐未施無補君臣之故三恪迭擾徒紊夷夏之防鄭之不義甚矣無惑乎救也伐也中國之兵紛紛然仗義而來也夫晉之救陳也利禦門庭之寇急拯塗炭之民使先聖之後免于侵掠安攘之業舉矣噫鄭不虐陳晉

安得而救之救之者晉而遺之救者鄭也晉之伐鄭也會焉以集其謀伐焉以聲其罪使導夷之國首伏其辜撻伐之威張矣噫鄭不附楚晉安得而伐之伐之者晉而致之伐者鄭也夫以虐陳而致救則不得假宋以爲詞以附楚而致伐則不得藉晉以自解春秋別嫌疑定是非正鄭之不義然後見中國之爲義知中國之爲義而鄭之不義益顯矣故爵楚而人鄭者貶之也又書侵者陋之也抑是役也楚莊竊伯之始也

惟莫之禁焉故馴至辰陵之歃晉不主盟鄭之役荀伯不振旅矣使早爲之所則六卿選德三駕成勞悼公之業其先見乎惜也靈無抗伯之志也

禮記

考禮正刑一德以尊於天子

高啓愚

同考試官教諭孫　批　禮刑德作者類冗子能剖析簡當開闔峻整允冠本房

考試官教諭徐　批　發明尊君之旨切實

考試官學正鄭　批　敷腴充暢佳士

記者於候度之修而著其為尊君之義焉蓋人臣莫大於尊君也今觀述職之典而有得於是焉謂非臣道之當然者哉王制示人之意曰職有所分固王者饗無為之治而權有所統斯天下知有君之尊誠以王天下有三重焉以節行者存乎禮以防姦者存乎刑以貞志者存乎德聖王所以維持天下而大一統者以有此具也

今諸侯之來朝也於禮而考之則必稽其品式之度罔敢或踰焉求不失天秩之常也於刑而正之則必審其法律之宜罔敢或偏焉求不失天罰之意也於德而一之則必篤其忠棐之節罔敢或貳焉求不失天德之眞也夫考禮正刑則以天子之事爲事矣一德則以天子之心爲心矣此非所以尊天子乎蓋天子者天下之至尊而諸侯則有承尊之道也非天子不議禮不制刑不命德所以明大君居重之權諸侯議禮惟

考刑惟正德惟一所以示為下不倍之義守典
奉法凜乎帝命之不違精白承休肅然天監之
匪懈惟辟作則惟臣從乂是以天下而仰一人
也不有以見天子之至尊無對乎惟聖憲天惟
臣欽若是奉一人以辟四方也不有以見天子
之尊無二上乎是則覲臣者天王之大典而尊
君者人臣之大義矧茲世道之咸熙君臣之胥
慶不可以行其典而明其義哉抑考之虞舜庸
禮象刑分命亮功雖九官十二牧之賢猶必制

爲黜陟幽明之典蓋惟以責諸臣之純心尊帝夫然後可以無爲而治此君逸臣勞自舜而已然矣王制記此其亦有以示勞臣之義乎

惟聖人爲能饗帝

古之賢

同考試官教諭孫　批　聖人與天合德故能饗帝是作發明精切文詞典雅結復以求諸心言是能知聖德者

考試官教諭徐　批　文有光艷得昭事誠通之旨錄之

考試官學正鄭　批　精麗

記者以格天歸諸聖人其必善事天者矣甚矣聖人與天合德者也故祭天而天饗之矣玆其爲聖人之能事乎記祭義者意謂先王之制祭祀也所以償鬼神也鬼神無常饗而所以致之者存乎其人耳彼萬物本乎天固必有美報之禮而天子祭乎帝是乃其事守之常然孰不欲其饗也而非夫人所能饗也其惟聖人乎蓋聖人純天之心者也一誠貫乎幽明必潛孚於於穆之表聖人全天之道者也一敬徹乎上下必

默契乎天載之神是故燔柴於泰壇祀事孔修
也而祼將之餘神明自昭於陟降兆位於南郊
祀典惟秩也而對越之下神道自速於感通存
天命於宥密固天心之悅豫焉精禋不爽而天
監其在兹矣奉帝則以周旋固帝心之簡在焉
昭事不違而上帝其臨汝矣觀天下之物雖無
可稱其德者然聖人敬德惟純則報物之本而
即有以承天之祜也所謂風雨節寒暑時者不
由此其協應哉觀天道之遠若難以期其格者

然聖人明德惟馨則盡祭之義而卽有以受天之福也所謂鳳凰降龜龍假者不由玆而駢臻哉此所以爲能饗帝也而信非至聖莫之與矣記祭義者其亦達於事天之道者乎故必溫恭允塞而後百神受職必聖敬日躋而後天命求保格天者豈必求諸天哉求諸吾心之天而已窮神知化繼志述事則天心克饗誠不遠於吾心而得之矣噫非聖人其孰能與於此

第貳場

論

大哉聖人之道

陳惟直

同考試官教諭陳　批　易稱大哉乾元中庸言大哉聖人之道惟聖同天此作闡明奥旨殆盡奥學能識其大者且統括三十三章之義以成文闔闢變化自出機軸尤非初學可到

考試官教諭徐　批　意高詞雅

考試官學正鄭　批　昌大之作

道原於天故聖人之道之大也同乎天夫言大

者莫如天而天之所以大者何也誠之不貳命之不已神之不測而化之不窮所以大者莫非道也而聖人者得天之誠立天之命存天之神以達天之化則聖人之道亦天之道也天無外聖人亦無外天無息聖人亦無息有外與息皆非所以言大矣而聖人之道瀰漫布濩充塞流行窮高極遠測深覃厚究之無外而推之無息則亦天道之大而已矣孔子曰大哉堯之爲君夫堯固聖人也未有以大稱者而孔子稱之何

也蓋以天言之也故曰惟天爲大惟堯則之帝
德廣運蕩蕩難名而成功文章協和光被則非
天道之大不足以擬之矣夫天之道何以大也
易曰大哉乾元萬物資始乾道變化各正性命
故四時之往來日月之升沉星辰之隱見山川
之流峙鳶魚之飛躍鬼神之屈伸萬形萬象之
生息聚散是皆大化之不窮而莫非誠之所以
樞紐命之所以主宰神之所以運用以無外可
乘則包括乎宇宙以無間可息則貫徹於纖微

大矣哉天之道乎而聖人何以同其大也蓋天能以其道成其化之大而不能不寄之聖人以終其大聖人能以其道自成其大而不能不代終其化以成天之大故曰天之大也人猶有憾而裁成其道輔相其宜則聖人所以繼天立極代天理物以大其化於不窮者也故發育峻極莫非天道也而莫非聖人之參贊也禮儀威儀莫非天道也而莫非聖人之敦敘也由是以行其達道達德而天常秩焉操其九經三重而天

位崇焉思其知天知人而天則見焉盡其成己
成物而天性全焉化其夷狄蠻貊而天統一焉
本其祖述憲章並其上律下襲而天德會焉是
皆聖人之道所以成天之大也而亦必有所以
爲之大者也詩曰維天之命於穆不已言其誠
也故天道之無外誠之綱維也而聖人之道流
動充滿則亦天之誠也天道之無息誠之運旋
也而聖人之道充足有餘則亦天之誠也天以
其誠成其大聖人以其誠成天之大而致之以

命運之以神以行其化於不窮者天不知其大也聖人亦不知也天不有其大也聖人亦不有也夫惟不知其大也而後爲大惟不有其大也而後可大故以舜之大智而好於問察以孔子之大成而歉於言行此二聖人者其同天之大非不如堯也而其心猶以爲未大於道此聖人之道所以爲大而不可及者也故曰人能弘道又曰神而明之存乎人則所以求全天道以成聖人之大者亦必自其謹獨之要以求底於中

和之極自其為己之心以求至於篤恭之妙自其知幾之學以求通於天載之神則天道之大其體之身也如飲食之於人而無不有也其章之化也如蒲蘆之敏於地而無弗生也其通之神也如蓍龜之於吉凶而無弗應也而以其道贊天之化則於四時見其順序矣於三辰見其循軌矣於嶽瀆見其奠位矣於鳶魚見其若性矣於鬼神見其受職矣於成形成象者見其竝育不害矣故祿位名壽則為受天之大命形著

動變則爲達天之大化高明悠久則爲配天之大功浩乎無際渾乎無垠悠悠乎其無終始其統體象形也而不見其大之有餘其散殊物曲也而不見其大之不足然後知聖人之道原於天以爲大而卽以天之道代乎天以成其大故曰天道至教聖人至德又曰天地設位聖人成能天人合一之妙斯其至矣雖然道一而已一者大也一則無外一則無息天本無二也而聖人凝道之功容有二乎哉然必曰尊德性而道

問學者何也蓋天之道一故神兩故化其在聖人也窮理盡心以存吾神即所以知天也存心養性以致吾化即所以事天也知天之謂知知斯神矣事天之謂仁仁斯化矣仁智合一神化不二而後聖人之道大於我矣是故居上則爲舜之日行其道日致其孝而不驕故能兼善天下其有繼舜而作者無不然也居下則爲孔子之依乎中庸從乎王制而不倍故能兼善萬世其有學孔子而至者亦無不然也大矣哉聖人

之道其有功於天之大也如斯而已矣抑又聞之曾子曰大學止於至善孟子曰大而化之之謂聖故大而未可止非大也大而未能化非大也故必自其善信而充實光輝然後可以馴至於大而無外自其知止而定靜安慮然後可以能得於大而無息君子求全天道以成聖人之大者其存心致知之功曷於此乎體之

表

擬宋行崇天萬年曆羣臣賀表　慶曆元年

馬魯卿

同考試官教諭沈　批　考據曆法最爲詳盡而詞意典雅
音韻鏗鏘得稱頌體宜錄以式

同考試官教授林　批　學識該博詞藻駢麗而宗夫萬年之
意又能發揚明盡異日紬繹忠愛濡毫作頌者其在斯人歟

考試官教諭徐　批　事典而瞻詞整而蔚宛然宋人體格
可以式矣

考試官學正鄭　批　典則詳盡

慶曆元年十二月某日具官某等恭遇

皇上行崇天萬年曆謹奉
表稱
賀者伏以
寶籙秉乾式亶明時之典
瑤圖協紀永緜篤祜之祥日月光華仰中天之
復旦星辰布列昭下土而爲章歲序調元
華夷受朔臣等誠懽誠忭稽首頓首竊惟
羲軒開物迎策而撫五辰堯舜統天窺璣
以齊七政洛書錫範曆數具于九疇周禮

保章天文爍以六典此皆聖人有作先後
天而不違是以推步惟精古今人而莫及
秦本閏位謬五德於鄒生漢籍炎光更四
分於李梵大初雖密終非壁合珠聯乾象
稍精猶是管窺蠡測唐自武德曆有數家
甲子戊寅傅氏竝淳風迭用宣明觀象元
和與長慶同章然皆絫差輒有得失惟大
衍法起七曜故有唐術驗一行郎八十三
年而必差豈百千萬世之可守他如崔浩

校五星之度猶見譏於伯恭至於王朴欣

一家之書必俟更於處訥皆不察乎時變

惟徒事乎浪傳道不虛行時如有待茲蓋

伏遇

○○○○

欽明濬哲

文武聖神

動靜見天地之心

闔闢妙乾坤之用作

明明后議禮制度考文受丕丕基敬
天勤民法
祖謂曆象之尊行已久或沿革以隨時而氣數
之消息難窮必變通以盡利若乾元行於
興國及儀天用於咸平雖精究天人罷諸
家之疎遠抑疏觀象數辯歷世之異同然
昭素之朔望猶差熙元之熒惑稍謬考休
祥實離躔次究微妙未合天機故敬授人
時法不嫌於從革而

孝承先志業必貴於維新乃秉
嗣服之初用切允釐之政天高星遠嚴太史
之占前朔虛氣盈謹清臺之課候交會交
食之法信而有徵應氣應閏之期稽而不
爽削羣書之小技較摩集乎衆思兼
累朝之大成裁察原於
獨斷崇天
欽定既欽若乎天心末歲重脩復重熙乎
歲運法既會乎今古典欲詒之

子孫故於康定之初年用申增輯至於慶曆
之改歲爰
命施行煥
天藻於篇端
寶曜長生
紫極散
星章於歲首昌辰茂對黃宮緣舊名而隸以萬
年不惟千歲之坐至總全卷而分爲十七
庶幾百世之前知斗極長輝璇穹叶三靈

而薦祉璣衡獨運玉燭圓六合以同春
天庥順節候以駢臻
君道隨陰陽而彌長
九重歛福拱
一祖
二宗之太平八極呈祥登五帝三皇之嘉會臣
等猥承器使仰契
宸謨才乏幹旋媿班聯於太乙學疎經緯慙位
列於三台敢不奉正朔以虔遵察民時而

順布節宣國政期庶績於咸熙調爕天和
萃
一人於有慶常卜金穰之歲不疑絳老之年覲
日官捧
日之期近
龍光以俯照祝
天子齊
天之筭瞻
螭陛以輸忱伏願

景貺介綏
玄符貞錫得位得名得壽旣膺昊極之禧
統天統地統人更衍泰元之筴𠒎
鴻圖於有永御
鳳曆以無疆
盛德當陽共戴堯天之廣運羣心就日咸歌舜
旦之重華臣等無任瞻
天仰
聖激切懽忭之至謹奉

表稱

賀以

聞

第叁場

策五道

第一問

張　維

同考試官教諭羅　批我

皇上至德妙道之懿雍熙悠久之盛蕩蕩乎無能名焉此作獨颺言之其涵濡

聖化已久而獨能鳴其盛者耶宜錄以
獻
同考試官學正張　批　我
皇上與
天同道亦與
天同壽本洪範五福之理子能頌述盛美可以觀忠愛無已之忱矣
考試官教諭徐　批　我
皇上光紹
二聖以陰隲下民者未易摸述子能鋪張而對揚之何啻壤衢之頌耶

考試官學正鄭　批
我
皇上敬一之學卽堯舜相傳之心法所以合德于
天者正在于此子能推本其盛而敷對詳明文詞閎暢可以爲得人慶矣
天人一氣也述作一道也感應一機也何
謂一氣天有顯道厥類惟彰卽幽而難知
者常明而易見况人君代天而賛其化其
心則天之心也呼吸運動其氣一也何謂
一道聖有謨訓明徵定保考之而不謬者
卽俟之不惑况人君纉緒而率攸行其事

則祖之事也光裕顯承其道一也何謂一
機發於志而動於氣者桴鼓不足喻其速
誠於近而徵於遠者雲龍不足喻其神惟
臣欽若惟民從乂惟天不愛道惟地不愛
寶感應無常其機一也故通天人之氣者
而格天之心純矣懋述作之道者而法祖
之烈昭矣握感應之機者而勤民之效著
矣此我
皇上之基命宥密與

天心相爲流通
神謨駿揚與
祖德相爲濟美
深仁厚澤之淪於四海豐潤而莫測其功
休徵嘉祥之洽於兩間蕃錫而莫窺其自誠
亘千萬年而一見者也雖使在
廷史臣鋪張而揚厲之吾恐模
天繪地之難爲工也而況草茅承學未能仰窺
其萬一者然涵濡

堯舜之化亦旣有年矣誼當效衢壤之述先原
聖訓闡
祖德而後及我
皇上之對揚可乎書曰惟天陰騭下民相協厥
居又曰天乃錫禹洪範九疇彝倫攸敘夫
陰騭之說古未有也惟武王發自禹惟禹
得諸天者何也禹當懷山襄陵之世荒度
土功使民奠厥居萬世永賴今觀封山濬
川之績地平天成之休六府三事之治禹

之功德與天壤竝是以玄圭錫功神龜降瑞禹則之而九疇序焉觀夫首五行以言天也次五事以言人也八政稽疑則本人而參於天三德庶徵則推天而驗於人皇極言建極以敷民也福極言人感而天應也雖其爲目九而取數多無非所以章天人之感通配道義以禍福而扶彛倫以立人極者蓋禹之功奠乎洛而洛呈其祥天之秘洩於禹而禹彰其範不然神龜豈易

得之物九疇豈附合之數象徵休咎之不爽占謀從逆之必然禹豈無所嘗試以為言者而何萬世之語道統必歸焉故以禹之得統於天而神物若有待而興也則天人之氣順矣以禹之受統於舜而郊祀推本所自出也則述作之道光矣以禹之正統於天下而昆命筮吉至誠感神誕敷文德而舞羽干也則感應之機彰矣更數千年而

天復大開文明之治我
太祖高皇帝握符履運萬世重光
垂統貽謀三綱正始肆我
成祖文皇帝嗣登初服
鑑禹謨惠迪之旨
法箕疇陰隲之訓
集古人善行獲報爲
爲善陰隲一書釐爲十卷凡百六十五人系
之以論斷詠之以詩詞首尾蓋該括矣今

自其首列者言之若蔣子文之靈應也鄧禹之不殺也仲堪之甃棺弘敬之延壽也與夫錢若水胡宿之察誣興利也宋軾之代納叔通之娶啞也與夫許繼李維禎之燒券禱神也大而陰功施於社稷而子孫逢吉小而陰德主於利物而身其康彊舉其首則他可知巳雖例類不分而彙次簡要無非示人以敦行之不怠豈不曰善皆可爲而福不擇報哉是心也卽神道設教

之妙大禹斂福錫民之心也我
宣宗章皇帝熙洽守成
法皇極之敷言
推好德之彝訓復纂古人嘉言善行著爲
五倫書冠以總論析爲衆目以君道爲之綱
於臣道則加詳謨訓蓋具存矣今自其獨
詳者言之首以輔德經國也終以謙讓不
欺恬退也自典禮以至正俗爲目凡十有
四焉自恤民以至除寇又自正學以至恬

退爲目凡二十有四焉或以言乎臣之體而道爲可法或以明乎臣之職而事有可師約其要則忠義可該已雖條目至繁而彙次不亂無非示人以臣道之當盡豈不曰善旣當爲而惡不當戒哉是道也卽臣道克艱之儆大禹相協敘倫之道也合而觀之

陰隲書之所載者主於應語人而徵諸天其機顯

五倫書之所載者主於事援古以証乎今其
效明
謨烈繼作
道德同休迨我
皇上稟神聖之資
撫亨嘉之運
心與
天合動爲神綏矣然猶亹亹以敬
天法

祖勤民為要務
九重之上日所以勵精凝誠推一念而動四方
隆
尊親而格
冲漠者其志氣如神其感應如響請自其最著
者言之如
遣部寺分恤象刑惟明之心也
造蘆瀟有橋隨山刊木之政也荒饉之
賑由己饑之之推也樂糜之

施不虐無告之惠也要皆推一念
親親之仁普而爲愛民利物之政蓋我
皇上盡倫盡制善繼善述如大報而定
郊祀之儀追崇而成
大享之禮遡
太祖
成祖之肇始而
徽號褒稱念
皇考

皇母之慶延而
功德同配
祈福有典
蠶壇有賦
蠲租有詔
勸農有令凡所以格上下而和神民者何弗
至也嘗莊誦
御製詩有曰下作民之主上乃承乎
天致治貴有本本端化自平又曰苟能養是心

尚可繼先王觀古又法
祖德就業亦昌則
聖心之精炳耀于
宸翰久矣以至
明倫大典之頒輝映中外有以正古之彝倫
欽天頌記之作至治馨香有以承靈於歆祀揚
祖德則
七陵有詩而疏遺治之五事
述五倫書則闡明彝訓而申人紀之肇脩

日範雲藻不可殫述所以然者我
皇上之道卽
列祖之道
列祖之道卽禹之道禹之道卽堯舜相傳之道
而受於天者也是故以格乎
天則爲至仁而天人一氣矣以法乎
祖則爲至孝而述作一道矣以勸乎民則莫不
尊親而感應一機矣蓋洪範之所謂陰隲
下民者我

皇上旣以身代
天司其柄而極建倫敘以歛五福
天之所以陰騭而篤厚者固自不容已也頻年
以來陰陽和風雨時甘露降而和氣蒸於
上矣嘉禾興芝草生瑞麥出而和氣蒸於
下矣龜靈而鶴玄也白鹿馴稚也玉兔雙
生也蟠桃應八千年之結實也
圖牒啓混沌玄化之秘涵也而太和又洋溢
於九垓矣迺今甲子重開曆元首建衍

萬年無疆之筭紀千百世有道之長者端在

於此恭逢

景命協吉

秩祀江瀆師嘉靖

登極初儀禮行受職眞有馮夷擊鼓太乙臨壇

西人士獨觀其盛莫不懽忻鼓舞詠嘆而

莫知其所以爲而爲者況我

皇上之所以致此蓋有本焉

御製敬一箴有曰匪敬弗聚匪一弗純統言也

曰勿貳以二勿參以三專言也又曰肅於明
庭愼於閒居精而言之也其與堯舜禹精一
祇台之旨相爲發明者夫一則先天後天
自不能違千世百世猶可相感而況於人
乎況於鬼神乎大哉
王言一哉
王心其所以致雍熙悠久之盛者又有可得而
言已愚聞之道什於人者壽什於人也道
伯於人者壽伯於人也載稽堯舜禹皆能

以其身受天地之委和故其永年也爲
天心之獨厚
皇上道契
重玄
德兼三聖固知其與
天同道者亦與
天同壽堯舜不得專美於前矣夫壽五福之最
先洪範以次於五紀八政之後
令八政告成五紀用脩此固天有顯道聖有

謨訓其理甚彰明者也猗歟盛哉抑嘗莊
誦我
太祖高皇帝之論洪範也與許存仁論天道微
妙與劉三吾論建極保民且爲之
御註訓釋其義此劉三吾謂其開萬世之太平
良有以也三復而繹思之然則達天人之
氣懋述作之道握感應之機我
皇上之所以
篤徽猷而光丕緒又有出於

陰騭
五倫二書之外者此
神功之巍煥天下所可得而述也倘有進於
是者則愚生何足以知之
第二問
馬魯卿
同考試官教諭沈　批　原山川以表形勢崇嶽瀆以重
祀典要歸
一統昭格之盛敷陳博洽必士之膚敏者

同考試官教授林　批　揄揚我
皇上敬
天保大之德博達該貫佳士也

考試官教諭徐　批　辯分野阨塞無關理道及聞拘攣之
見可以式矣

考試官學正鄭　批　敷對詳明達
天人之際忠愛宛然

聖王之疆理乎天下也必有表鎮分州之
制而其秩祀於方望也必因封山濬川之

功制定而後天道成地維平人極立矣功
崇而後嶽效靈江瀆祉神應昭矣夫帝王
亦無務爲宰制之紛紜也表裏山河之固
所以限隔南北者皆天造地設之大勢也
亦無樂乎登封之焜燿也名山大川之靈
所以利澤生民者皆神道設教之大典也
形勢著則封域明矣險固設則經制備矣
靈貺荅則國祚昌矣神教設則民志服矣
是故天地定位山澤通氣者乾坤闔闢之

神功天地設位聖人成能者帝王財成之
盛事則夫先天地而開其始後天地而成
其終者其道豈可以管窺哉愚生一隅之
士也何足以與於此然敢不敬述所聞以
對嘗謂惟王建國辨方正位體國經野以
爲民極斯則類聚羣分仁育義正內之所
由順治也封疆之界以域民山谿之險以
固國斯則侯采要荒揆文奮武外之所由
威嚴也懷柔百神及河喬嶽斯則禮樂明

備天地以官王者所以通於神明也粵自元胎無象太素流形營窟櫓巢未繇區別黃帝乃始推步分星方制萬里畫野分州得萬國焉顓頊而後九州共建然山川之名未有也及舜肇十有二州封十有二山於是四岳並崇類禋時舉望山川而洪報徧羣神以妥靈創制立名有由然矣禹貢敷土刋山宅四隩而正庶土所謂嶓岷既藝者卽崑崙之接脉也沱潛既導者卽大

江之發源也大抵中國山水皆起自西北而歸於東南方禹時甌閩未入版圖南戒南紀之派不見於經故但稱三危旣宅浮于積石蓋西戎卽敘而崑崙析支始可得而窮已其曰導岍及岐逾雷首王屋而至碣石者皆後世之北戒也曰導嶓冢至于大別東匯爲彭澤岷山導江至于澧北會爲匯者皆後世之北紀也迄於九州攸同告厥成功而旅山之禮亦舉焉周監二代

其制大備大司徒掌天下土地之圖周知其廣輪之數而職方氏亦掌夷蠻閩貉戎狄之人民大宗伯掌以貍沈祭山林川澤而小宗伯則毛六牲而頒之於五官制莫詳矣秦漢而後土宇彌廣中間離合之勢沿革之由未易悉數然叔代登封之禮無得而稱而嶽瀆之名則萬古不變也唐一行考雲漢之終始而列河山之界表兩河之體象而辨星野之分於是作天文志有

南戒北戒南紀北紀之說焉今考其書自
三危積石負終南地絡之陰東及太華逾
雷首大行北抵常山之右循塞而東至濊
貊朝鮮是謂北戒所以限戎狄也自岷山
嶓冢之間負地絡之陽東及太華連熊耳
桐栢南抵衡山之左循嶺而東達甌越閩
廣是謂南戒所以限蠻夷也自北戒之首
循雍州北徼達華陰而地絡一會並行而
東至太行之曲與涇渭濟瀆相表裏者謂

之北紀負險用武之地也自南戒之首循梁州南徼達華陽而地絡一會竝行而東至荆山之曲與湘漢淮瀆相表裏者謂之南紀四戰用文之地也故星經以北戒爲胡門南戒爲越門然則占驗之法制御之策不有所據而擘畫乎以列國言之北紀之東至北河之北爲魏趙南紀之東至南河之南爲荆楚北河下流南距泰岱爲三齊夾右碣石爲北燕南河下流北距泰岱

爲鄒魯逾淮涉江爲吳越於天象則弘農分陝五服諸侯在焉而秦涼晉代可推也成周距外三恪諸侯在焉而宋鄭陳蔡可推也故天文志敘河源循塞垣東北入海江源循嶺徼東南入海然則都會之地形勝之方不有所籍而指掌與夫北戒起自積石南戒起自嶓岷其經緯於函夏表鎮乎方嶽揆之禹貢山川導至若合符節乃水經謂崑崙去嵩高五萬里地之中也其

高萬一千里鄭康成謂周禮地祇之祭以崑崙爲主而禹貢不詳其所始者六合之外蓋存而不論矣然江山起於西極禹功始自巴渝請借蜀地爲徼可乎且江出岷山經廣漢資中犍瀘觴耳合兩川諸流奔騰夔峽而後大焉其內水之名七曰緜水曰洛水曰湔水曰涪水曰嘉水曰巴水曰渠水皆發源境中故謂之內外水之名三曰青衣曰羊山曰馬湖皆發源夷方故謂

之外緜洛湔三水則道九隴濛陽至瀘川而合於江涪嘉巴渠四水則道廣安新明至渝川而合於江緣岡注壑萬派併趨殆不知紀極也青衣經嚴道夾洪雅而出羊山經嘉州合青衣而北馬湖經戎州帶汶川而東飛流濺沫千仞直下殆莫可抵排也雖分合之勢不同而同歸於入江者矣嶓冢起漢中之金牛岷山起茂州之列鵝特建瓴耳峯連岡屬千里不絕是環蜀皆

嶓岷也則亦皆沱潛也大抵蜀山之居左者同謂之岷居右者同謂之嶓其向背雖不同在二山之南皆謂之陽在二山之北皆謂之陰而地絡陰陽可類推巳江出於岷自江而別流流而復合者皆謂之沱漢出於嶓自漢而別流流而復合者皆謂之潛古今論嶓岷沱潛者衆矣而更相齟齬卒莫得其眞者由不知左右之別分合之差耳大抵禹之九山刋旅九川滌源者主

於則壤成賦故夏書謂之禹貢一行之南
紀負陽北紀負陰者主於內華外夷故天
文志謂之兩戒不原經界平成之績形勢
襟帶之略而徒區區於山川嶽瀆之辨是
特一地里書爾於治道何益哉洪惟我
聖祖重開寰宇統和人神於
五嶽五鎮冠以山之本名四海四瀆冠以水
之本名
肇稱般禮著在

祀典凡前代封爵之誣一切革罷可謂質諸
鬼神而無疑矣我
皇上握符御籙
君主華夷
秩明祀尤釐
聖謨凡天下名山大川每三歲率
遣官恭祭
至治馨香感於
神明眞所謂

顧諟明命以承
上下神祇者是以
天心克享
瑞應迭見諸福之物可致之祥莫不畢至
聖祖先天而天弗違
皇上後天而奉天時與黃帝舜禹其揆合一雖
甚
盛德無以加矣愚生草茅士也未甞與駿奔
之末覩

鴻鉅之典徒飭章句以終明問夫星野之分原於封建山河之析極於七雄惟王者大一統之治有分土無分民是以分星之占驗於春秋而不驗於秦漢險阻之辯詳於戰國而非詳於職方故禹貢以山川定州域而不表阨塞天文志以雲漢象天下而不主躔次一行謂列國吞併常兼數州考雲漢山河之象或至十餘宿而猶守甘石遺術得乎鄭夾漈謂州郡有時而更江山

千古不易使梁州可移而華陽黑水之梁
州不可移以禹貢爲萬世不刋之書皆有
見於一統之義者也方
今六合爲家四海會同固無用於紛紛離析
之說矣仰惟
天之祚
君實爲
神主
君之受

命惟典
神天祀事純明
精誠感格則風雨節寒暑時歲和年豐民安
物阜所以
衍億萬年
靈長之慶者端有在焉敢以是述
天人之際頌
功德之隆以効鋪張揚厲於萬一謹對
第三問

陳惟直

同考試官教諭陳　批　雄渾之氣博大之文後段評隲漢代經生史氏究竟折衷尤爲有見

考試官教諭徐　批　發明經史源流詞嚴議正是嘗究心於古人者

考試官學正鄭　批　詳而有體錄之

聖賢之於天下所以言之文而行之遠者曰經與史而已經之爲言常也聖人之心法蘊焉史之爲言事也古人之治法昭焉

而其爲道一也何則聖人之心天下之道之統會也心不可見故闡之而經作矣古人之治天下之道之散殊也治必有徵故載之而史詳矣不得乎聖人之心者不可以語經不關於古人之治者不可以語史若此者言之其何以爲文行之其何以垂遠哉甚矣擬經之罪而擬史之失也非經與史之難爲擬也經爲羣聖之繼作宗之而不可擬也史備一代之足徵因之而不

必擬也知乎此可以復執事之明問而陳其槩矣且昔結繩爲治書契未興天下渾渾然相忘於無言之化何有於經亦何有於史也然文字之教蓋天所以啓顓蒙之俗而賁文明之治者如日月星辰之必麗於上也如山川草木之必麗於下也如體國經野設官明倫之必麗於中也非徒麗之而已而天綱地紀人極之所係有一日舍以爲用而不可者故經史之爲義一其

所以垂世立教者則同也爲體二其所以屬辭比事者則不同也蘇洵之言誠有見矣粤稽載籍盛於中古自易書詩春秋禮樂更聖人之删定贊脩也尊爲五經與天地竝焉秦既熸炎購藏殘缺至漢建武諸儒遞相傳授各以所見推明而訓詁之若田何輩之於易申公伏生輩之於詩書而春秋則董仲舒禮則大小戴諸人家各爲師雖不無穿鑿傅會之失然殫力精勤專

門卒業以張旺聖經其功有足多者卽使後之經生窮年不能窺其奧宗而述之且不暇而暇於擬乎夫何楊雄則爲太玄以擬易也王通則爲續經以擬詩書也而趙曄之春秋司馬光之潛虛東晳之補亡白居易之湯征無非楊其瀾以決其流者夫經非粗迹也必蘊之而爲心精者畫焉諸子自度有聖人之心否乎吾觀玄之所爲書者蓋徒泥於九六爻象之粗而倣之爲

方州部首之贅將以明數而反以晦理經
之所謂續者亦僅掇于高文武宣之制與
夫曹劉沈謝之詩未能窺經而先以侮聖
雄通且然則彼吳越春秋尚遺二國之鑒
車司馬潛虛亦僅太玄之覆瓿補亡豈南
陔白華之什湯征固河內秦誓之流擬經
若此而以為五經再生嗟夫大明當天取
彼螢火而自謂光爝几席是何諸子之不
自量也自魯史脩為春秋若左丘明公羊

穀梁本聖筆以屬傳發義也列爲三史而
淵源遠矣漢不具官史籍淪棄至司馬談
太史職司掌故統括諸家採摭而潤色之
其後子長嗣之而史記成孟堅踵之而漢
書作後漢書之輯於蔚宗三國志之編於
承祚代相沿襲雖不無踈漏牴牾之譏然
博物洽聞昈分類次皆據事命詞其書安
可廢者卽使後之史家取法有以出乎上
追而駕之何不可奚必於擬乎夫何譙周

以擬公穀而爲古史攷也干寶以擬左氏
而爲外傳也而孫盛之晉春秋吳均之齊
春秋令狐德棻之周書無非採其華而忘
其實者夫史非贅疣也必載之而爲鑒戒
者垂焉諸子自度足以垂一代之鑒否乎
吾觀其史以攷名徒襲列國命官之體望
子由已莫窺其藩矧法訓之定尤難語精
傳以外稱徒據戰國揣摩之談祖虞卿而
因竊其緒矧神異之搜尤傷於怪周寶且

然若彼盛之繫年仍重復夫帝紀均之書
異何用繼以釋辭周書固以妄比夫漢書
伊婁又重稱於命字擬史若此而以爲三
史重出嗟夫百貨列市掇彼剩殘而自謂
富埒陶倚是何諸子之示不廣也夫經無
文法經不可以文言也楊雄輩則于其文
而效之吾恐優孟之學叔敖衣冠叔敖也
言動叔敖也而其人則非矣史貴實錄史
不可以詞借也譙周輩則不于其實而覈

之吾恐相如之賦子虛問則子虛也對則
子虛也而其究則烏有矣數子之所擬者
具在也豈能免於後人之評論哉夫以田
何諸儒按讖於聖經式微之後雖於經學
未純也然賴其註疏以爲宋儒考訂之資
吾方以爲炎爐再造矣迺議者猶紛呶然
懼夫添足之弊滋而衞聖之心切也況不
可擬而擬焉其不爲君子之所誅乎馬遷
諸家繼唱於史氏絕響之餘雖於史才各

異也然綜其始終以補左史紀言之闕吾猶以爲史學中興矣迺摘者若毛疵然慨乎目睫之難見而責賢之意備也況不必擬而擬焉其不爲君子之所笑乎是故擬經者傷於僭爲吳楚稱王杞猾夏之罪而擬史之卑則衛國貶號爲君將萎然而不復自振也擬經者傷於妄爲郢書執燭蒙燕人之疑而擬史之陋則齊相之執鞭爲御而揚揚然以自多也其罪與失之輕重

不亦較辨而著明也哉然則學者於經史宜何如曰涉五經之源宋儒其至矣無已而有一言之幾道焉則穆姜之論四德景伯之論黃裳范武子之序春秋皆可以垂於後而不毀若雄輩則適以爲嗤笑之胎耳然又當知夫窮經之所謂三岐者朱子曰陳少南蘇軾爲文人之經一岐也張無垢子韶爲禪者之經二岐也濂洛諸君子爲儒者之經三岐也於此蚤辨則向往正

矣不然縣可以北轅可以南寧不來楊朱之悲耶接三史之傳漢代其淺矣無已而有百世之定論焉則司馬公之通鑑范太史之唐鑑朱子之綱目皆可以質諸前而無愧若周輩則適以爲簡牘之贅耳然又當戒夫作史之所謂五難者袁崧曰煩而不整一難也俗而不典二難也書不實錄三難也賞罰不中四難也文不勝質五難也於此不惑則議論定矣不然頭白可期

汗青無日寧不貽劉知幾之嘆耶三岐既明復從事於經解之五敎以潛其精五難既去復博采夫史家之三長以萃其善則何經之不可窮而史之不可作也此固聖賢之心會經史而洞貫聖賢之學兼述作而集成者所謂經史之折衷愚舍是奚適矣雄周輩惟其心非聖賢之心學非聖賢之學卽使卓然自成一家無模擬之病恐未有以抽述作之關鑰而逃宋儒之譏詆

者就中彼善於此其通之有格言盛之不曲筆乎若雄周固贍乎其若後也愚也生於二賢之鄉追仰先達惡敢雌黃在口然論人欲盡矧承策士於三故略以所聞於經史者述焉而僭妄之罪不又躬自蹈之哉

第四問

劉起涑

考試官教諭徐　批　忠孝天性非可僞爲者子能闡發一

貫洞徹性源且品劑不爽碩學有歸可以卜所志矣

考試官學正鄭　批　盡性以全臣子之分是作得之

君子之學盡倫而已矣其所以盡倫者盡性而已矣性莫大於義由之以自盡於君夫是之謂忠亦莫大於仁由之以自盡於親夫是之謂孝是忠也孝也三綱所由立五常所由建百行所由基萬化所由出並立于天地間不可一日無者也然其道二其原一聖人知其然也惟自其一者而盡

之性盡則倫盡可以立人臣之極也而未可以忠名可以立人子之極也而未可以孝名孝不可名而後爲仁之至忠不可名而後爲義之盡故道至聖人止矣不可以復加矣學者亦惟學聖人而已矣彼鄴於所遇者勢或未能以兩全而偏於所履者道或未能以兼體據其所成非不可以自樹然愚生之所知者天下之常道也其所願學者全德之聖人也又安能舍其所學

以學執事之所舉者乎請因明問而陳之
嘗觀之易曰有天地而後有萬物有父子
而後有君臣又觀之書曰敬敷五教又曰
勑我五典是故自天地之生人也於是有
五品之倫自聖人之設教也於是有五典
之敷道莫大於仁義而倫莫重於君親聖
人脩道以立教也亦惟仰觀俯察取之天
地而已矣是故以乾為君以坤為臣卑高
以陳而君臣之倫定矣以乾為父以坤為

母尊親有恒而父子之倫定矣夫君臣之倫定於乾坤是故在上者運行而不息在下者承行而有恒方其熙然爲春者亦與之以爲春及其凄然爲秋者亦與之以爲秋地道之承天者則然也臣而有得於是焉將奮勞而不知有身竭忠而不知有家如卜子所謂能致其身孟子所謂懷仁義以事而君之寵錫自不期而至矣管子曰忠者臣之高行也臣忠而不懈則爵祿至

羅從愿曰君明君之福臣忠臣之福君明臣忠則朝廷乂安得不謂之福乎良有見於此矣父子之倫定於乾坤則覆載之恩不可以名言而欽翼之念未容以少懈所存者神而一之神者有所繼所過者化而兩之化者有所述宗子之事天地則然也子而有得於是焉將一舉足而不敢忘一出言而不敢忘卜子所謂能竭其力孟子所謂懷仁義以事而親之悅豫自不期而

得矣管子曰孝者子之高行也子孝而不懈則美名附羅從愿曰父慈父之福子孝子之福父慈子孝則家道隆盛得不謂之福乎良有見於此矣稽之於古堯之德大哉如天不可以名言舜之相堯也齋慄而底父之豫重華而協帝之德其慎徽五典者何如也禹承帝命而代父以治水秉四載而敷土惟勤更八年而家門不入由是而地平天成萬世永賴者非禹之功乎是

其幹父之蠱舍已以蓋圮族之愆熙帝之
載宅揆以俾從欲之治茲惟盡已之性以
效之君父爾已而禹猶以爲歉也至德難
名可謂之忠乎可謂之孝乎文王之在周
也靡悔以紹克明之德柔順以謹厚下之
防其五倫之安所止者何如也周公承先
德相武王而興王業開三分有二之天下
成九年未集之大統由是禮明樂備四海
永清者非公之功乎是其繼述之善精神

默契乎聖父夾輔之勳篤棐上通乎王室
亦惟盡巳之性以共爲臣子爾巳而公猶
以爲歉也大道不器庸知其忠乎庸知其
孝乎良知之在人心萬古一日而忠臣孝
子之在天下亦代不乏人姑舉執事所問
者槩言之穎封人廣遺羹之愛而感鄭伯
庶幾錫類之仁狄梁公推望雲之誠而還
廬陵因成取日之功是亦可嘉樂者若弃
疾李璀之心同忠以忘乎孝也仲淹富弼

之迹興孝以行乎忠也生實之難忽固傷勇矣而仲之相齊明王道而黜伯功者亦所羞稱也趙武之存臼固輕生矣而嬰爲其難先公室而後私門者猶有遺論也王陽之回車王尊之叱馭以身而爲行止處經事而知其宜者也王陵之歸漢徐庶之還曹以母而爲去留遭變事而知其權者也烏鳥陳情言能動主雙鯉躍冰誠可格天而郎署而侍中恕焉所事事親孝而忠

可移於君者果如是乎溫嶠奉使謂功名之會不可失趙苞城守謂身家之私不敢顧而絕裾而亟戰忍焉所生求忠臣於孝子之門者果有取乎合數子而論之有見於心之不可解者知有親矣而未免於後其君有見於義之不可逃者知有君矣而未免於遺其親據其一節亦足以自樹要以完人寧不有歉乎程頤曰寧學聖人而未至不欲以一善成名魏徵曰願爲良臣

勿爲忠臣愚也耕田鑿井幸逢堯舜之時誦詩讀書獨志孔顏之學其於親也願負子路之米養曾參之志苟可爲懽則鶉結可以爲絲菽水可以爲珍惟與吾親之安爾已其於君也願矢九德之謨陳九疇之範苟可薦信則炙背可以爲暄野芹可以爲美惟祝吾君之景貺爾已則夫之數子者所謂不同道者也敢尚友乎然則將誰師曰師乎聖人而

已矣聖人觀象以制器必由規矩以出天下之方員脩道以立敎必本人倫以立天下之人極故欲爲臣盡臣道欲爲子盡子道二者皆法禹周而已矣不以禹周之道事其君不敬其君者也不以禹周事其親不愛其親者也欲道禹周之道者則必學禹周之學惡旨酒拜昌言憂勤惕勵去其不如禹者以就其如禹者雖聲律身度未敢上覬然盡吾才以效之君親亦吾分之

8398

當然者爾況以繫壤之民幸而進之舞干
之階則
恭己之容可以親被禹之在虞廷者亦若是
爾何禹之不可學乎仰而思旦而行憂勤
惕厲去其不如周公者以就其如周公者
雖文經武緯未能仰企然盡吾力以效之
君親亦吾分之當然者爾況以兔罝之夫
幸而進之麟趾之廷則
文明之輝可以仰覲周公之在鎬京者亦若

是爾何周公之不可學乎雖然天下有不同之迹而無不同之心據迹而學未免於邯鄲之步以心爲師自得乎輪扁之神心盡則性盡性盡則倫盡矣詩曰夙夜匪懈以事一人又曰明發不寐有懷二人愚也請終身誦之者也惟執事進而教之

第五問

高啓愚

同考試官教諭孫　批　民情物理暢曉無遺而沿革均節之

中條析深遠謂之通儒宜信

考試官教諭徐　批　推行錢法之議如燭照數計不特可通全蜀已爾子其留心經濟者耶

考試官學正鄭　批　指陳剴切是識時務者

地不能無贏詘也通其變而民不倦矣俗不能無因革也準乎時而法不窮矣偏塞一隅之謂地習成若性之謂俗推行不滯之謂通信從弗悖之謂時地詘矣而不思所以導其利則用竭俗成矣而不知所以

易其法則化窒故制國有常而利民爲本
言通變也從政有經而令行爲上言從時
也蓋曲於鄉之衆不足以達意安於俗之
民不可與慮始賢者觀物而不觀於物制
民而不制於民苟可以補其偏不一其用
果可以便其事不膠其始又況當
大同之世遵已效之
令有不可行於近而達之遠者乎古之立國
家者開本末之途貿有無之用以末易其

本以虛遷其實所以達陵陸而致窮深交
庶物而齊百姓此錢幣之所由興非苟變
常也亦捄偏補弊者之所不容已也執事
念蜀方財力困詘欲通錢幣為用而以崇
制信度發問甚盛心也顧愚敢無詞而對嘗
聞帝王之制包含徧覆普愛無私不為近
重施不以遠遺法所謂大一統也蜀地羣
山萬壑棧道千里其所包原隰衍沃惟成
都旁近方數百里耳外此則磽确岡鹵川

源澗道十去其七其民皆伐山而即畝燔
萊而播種火耕石耨呰窳偷生顧樂其俗
甘其食便其器至老沒未嘗出境稀遠之
物不交於市富商大賈無所侔利而不至
其域徒以樸鄙號有齊魯之風厥田下上
厥賦下中瘠薄貧窶自古而然葢險阻四
塞之地也比者大木甫迄旱暵相仍富者
財竭於採辦貧者力踣於運從値今年穀
稍登不早圖通變布利之方補捄備預之

策脫荐饑再值蓋藏旣罄轉運不通臨流
求濟將焉用楫耶自昔歷山之金莊山之
鑄凡爲水旱設也單穆公曰古者天降災
厲於是乎量齎幣權輕重以賑救民而管
子平準之法使萬室之邑必有萬鍾之藏
藏鏹千萬千室之邑必有千鍾之藏藏鏹
百萬其素豫何周迊也道懸於天物布於
地智者以衍愚者以困不過運之六寸轉
之息耗取之貴賤之間而已故教與俗更

幣與世易夏后以玄貝周人以紫石自後或圜泉刀布或龜貝金錢物極則反終始之運也然莫詳於太公之九府焉錢圜函方輕重以銖流於泉布於布而內府之待大用外府之待小用泉府之斂滯貨司市之荒札作布循環無端圜轉不窮者皆以流有餘調不足阜貨賄而通有無上之人曷利哉夫行布以阜貨而行貨不通則布之用窮作布以濟民而作民不止則布之

利輕漢唐以來為今或寬或嚴為制或輕或重為數或多或寡代有紛更亦勢使之然爾半兩榆莢之異當千綖環之差姑未暇論而漢之五銖唐之開元所以為得中而可久者由肉好適均輪郭周正不惜銅愛工所致贋不得以亂眞也若蜀則自鄧通鑄嚴道之山昭烈增當十之錢為用寖廣公孫述竊據一時改鑄鐵錢已不勝其弊及宋而後寖淫益甚邛嘉諸州既置四

監併鑄威遠各監復造折二大錢鐵賤質
重公私滯積後雖立交子以飛使開交務
以兌會終無補於贅溢之患矣洪惟我
聖祖定鼎之初即開寶源局鑄大中通寶以資
國用洪武六年
詔私錢加厲禁焉法久弊滋民僞幣濫我
皇上明炳物情公溥利澤謂必造新錢斯祛積
蠹欲新
時制必梢厚資於是鑄爲嘉靖通寶

須布中外一時臣民翕然稱便都市通行久矣惟川省尚未遵行夫同一蜀也前代以鐵而可行今則幷銅而不用豈古今事勢懸絶至此亦以廢格日久安常習故而不復講耳將謂濫惡當革歟何民間所爲茴香銀者雜僞鉛錫莫辯色成乃公行交易莫或疑阻毋亦以金銀之數纖分之則耗布帛之幅片裂之則廢故用茴銀以代幣耶噫亦不思甚矣夫鐵錢無益罷之可也

乃銀固天地之實氣也間不容髮往復消鑠之餘其折閱虧不多哉豈若銅幣通行權量百貨以畸零則易於析揆以緡貫則易於握筭以輕約則易於齎持縣官設衡立準人從其欲交易而退各得其所雖使五尺童子適市莫之或欺孰與相率為偽展轉欺詒卒之銀幣耗散財力困屈乃田野之公患非市閈之通利也譬之厭者方氣結肢僵幾至於絶醉者方頓股側足將

及於仆乃不呼其寐而使之覺啜之漓而
解其酲将不有失魄墜體之患哉且質劑
無實在之數物貨無一定之價老農蚩氓
抱布貿絲冀得錙銖以充官稅顧盼之間
駔儈者已誑弄而攝取之矣巧僞時出兼
併日滋富強則操餘贏以規產豪猾則製
粗薄以抵直如鍾錄所嘆者何限也轉徙
多而失業衆獄市擾而訟牒繁加以賦役
猥重民力告詘遂使戴白之老卒歲無褐

脫粟之飦可食鮮飽山谷無聊之輩譸張
爲幻柰之何不澆漓其風而寇攘其俗也
兹欲革薄從忠有備無患亦惟遵行
時制通寶斂散一出於官貴賤一權以銀庶
其有濟矣或者謂銅故蜀產也泉布旣開
大猾卽山鼓鑄作姦犯科恐生禁禦之擾
殊不知
聖謨弘遠已早見而預防之是以
酌累代舊法而折其中

推錢本與民而不惜費卽
新幣鑄値所費常倍造者無復羡溢雖驅之
使僞彼且遠引而深避矣奚慮其卽山爲
冶哉且自宋以來代不乏鑄蜀獨無銅耶
而何不長姦叢猾也況滇錢必由重㸑發
運若請
今增鑄數倍推行川省償其工費卽蜀不更
造亦可也然用幣救弊者亦非愚臆說也
前御史屠濂嘗遣義民齎銀於南畿諸路

易錢散行民間人甚便之即張詠以富民
十六戶主交子之遺意也會代去無繼者
錢盡而令罷御史熊相議謂蜀銅易辦鑄
錢以救罷民貸銀以資工費準五銖法七
百文爲一金本省祿俸用爲折支凡課程
兩稅許兼收折錢即令京官計錢折俸之
良法也會所司無任者議下而不果行夫
以嘗試掌故重惟
昭代作新斯民之

化備制前民之用有司者乃不能立法以推
行之豈受牧求芻者心耶易曰黃帝堯舜
通其變使民不倦神而化之使民宜之易
窮則變變則通通則久黃帝堯舜垂衣裳
而天下治則我
皇上博施濟衆之心
神化宜民之政與三聖授守同一道矣崇
制信度足
國裕民之方亦可以行矣茲當推廣

制錢導利遐陬掌握以藩省均輸以有司計
人户之籍爲用幣之數官出庫銀先資錢
本或易諸他省使富民主守如屠滽之例
可也或就近開鑄出納以錢如熊相之議
可也而又視年穀豐歉以爲平準穀多則
出錢以收穀而亦不廢錢錢多則出穀以
收錢而兼儲以穀使州縣錢穀之蓄常支
三數年則雖有水旱民無菜色矣如是而
仍以銀爲權劑量其盈縮均調其斂散物

重幣輕則支費用銀而儲錢幣重物輕則支費用錢而儲銀行之二三年雖僻陋窮鄉有不周徧者哉啓蜀之蔽而通其塞惠蜀之偏而拯其困達其志不徇其所安變其俗不膠其所習驅而納諸引養引恬之域遵道遵路之中變通之以盡利鼓舞之以盡神在執事者加之意焉愚何足以與於此

四川鄉試錄後序

聖天子握符凝命建極綏猷四十

有三年

峻德作人海內士益彬彬然改觀

易嚮祗思奮庸四川藩省乃

大比士以升之禮闈維時監

察御史暨百執事罔不寅恭

協力襄玆懿典學正鄭孔道
旣敘諸簡端矣守復何言維
蜀山川匯靈環逈如錦鍾爲
俊彥振古同徽入試之日羣
英彙征而愼簡之額視昔加
毖且精焉守不容無言以鳴
其盛也竊嘗伏讀

國初令甲
高皇帝以十七年甲子定科舉取
士法令所遵限文字以爲試
程者實始此也更三甲子爲
皇上道久化成之年其事適與相
符非夫
皇制與

天運相待而興哉夫甲子干支之
首也甲之在木爲始拆及日
長則幹榮矣子之在種爲始
播及時至則穎實矣士者國
以爲幹而民之穎出也
高皇帝竭心思爲求賢斂材定計
肆我

國家亨得士之利奚啻需中林
而開粒原顧邇來人材鮮臻
實效者
廷議若曰
國初質勝而文方亨是當以文
濟質者也故所程在文而人
斯得比來文繁而質寖薄是

當以質樸文者也故所慎在人而文斯稱自今觀之一士而約以二十五人之舉其與繩文較字章章垂令憲程者於法意良美奚擇哉木之離披也不剪其旁蘿寄生則引而蔓於茂榛之叢苗且勃然

典以長也庇稂莠而與之並
孳殖焉欲嘉穀之有常穫也
得乎治農塲師者爲之去其
異類所以滋眞類也而匠氏
之操蒸民乃賴因之矣彼樹
人之道欲得眞材充世用者
猶是也余請爲多士籌之士

平居讀孔孟書談仁吐義襲其芬馥莫不期異日策勳建名砥節礪行迨一見紛華目眩於外而心蕩其中譬彼行貨四都之市矜富鬻珍其不飾繡悅以衒觀悅珠櫝而忘內者鮮矣玆西蜀僻一隅耳

大都江南靡麗之習吾且未
爲爾多士慮也迺他日則慮
甚焉夫震澤之橘踰淮而北
爲枳其性變也見邯鄲而學
者則有匐匍而棄其故步矣
世豈無改性而易步者乎雖
然爾多士生其鄉則莫若自

得師蓋昔眉山蘇軾與弟轍俱弱冠以文計偕其立朝風節雖浮海蹈江百折不磨固中流砥砫也張栻生廣漢而從父魏國軍幕間所交閩建安淛金華與河洛中原之英跡其明經亦嘗應舉眞知聖

學無所爲而然士果在人不在地也今人類指軾爲文士然文士如軾可少哉夫敬夫剖析義利毫芒之書士習聞之矣苟應舉而以敬夫之學從事即二十五人中舉一人焉無寧獨得軾也則豈直擅

江南大都之盛爲主司榮耀
已耶
祖宗長養二百年種士得人之實
效
皇上開甲子泰運之奇逢穎脫棟
隆胥此焉徵庶幾藉手報萬
一或可少逭責矣守庸是以

答應聘終事而爲多士初筮
規焉
浙江衢州府西安縣儒學教
諭徐守 謹序

武舉錄序

嘉靖乙丑秋當復會試天下
武士兵部先期以
請
皇上命侍講學士臣大任暨侍讀
臣希烈往典終試其同考則
都給事中臣守庭右給事中

臣格郎中臣汝賢員外郎臣
定以九月十三日丙午
陛辭入院十五日戊申進騎步射
中式者試之分閱合校恭遵
聖斷取九十名爰錄其名氏并文
以
獻臣大任宜序其端臣孤寒下

士遭際
聖明以御史
拔擢今官時重錄
大典又承乏俾充總校愧惟
渥恩逾分報稱無能即夢寐常凜
凜也迺茲復奉是役被
命兢惕慮無以仰副

德意于是與諸同事矢愼秉公舉得一二奇傑之士如古名將出而當閫寄共武服用俾我
皇上安攘萬一此則臣之心也臣觀古之名將方未遇時率自負磊落不羣羞以一才一藝見稱於世世亦未之奇也及

遭時遘會肩鉅任運長籌宣忠樹績炳烺千古是故阿衡尚父皆起自莘渭假使未遇亦耕釣夫耳鳴條牧野之師詎賴焉易曰藏器於身待時而動斯之謂與今

聖天子憲

天纘服
君主華夷于凡文武大務恢張一
新
聲靈赫濯薄海內外罔不丕應
孚化乃
淵衷宵旰若弗克及每咨求將才
詔有司三歲開科誠以諸草莽

中不無磊落不羣之士羅而
收之以弭漸銷萌隆億萬年
中興之治爾多士生逢
景運以其所業捷於有司行將分
任邊疆當
國家鎖鑰干城之寄不知異日
者于何自効以受知

皇上而無負主司者掄選之意夫
主司掄選者藝耳是故騎射
藝文詞亦藝
皇上舉大將之累望之藝足信乎
惟多士業藝以進於藝有弗
良乎良於藝弗良於用此臣
之所憂也憂之維何蓋臣以

其藝能明畧識務非浮蕩譎
試徵諸用萬夫帥易稱也或
有弗良是以藝而干進即其
言已無稽矣無稽則不實不
實則不忠忠乃士人所自植
所謂有其君不敢有其身潛
也徵忠奚取於藝昔唐之子

儀舉武科興等亦以藝也能以身為天下安危者二十年說者謂仗忠信安義命則功業自有所本爾多士中將亦有若人者乎臣惟堪輿精英之氣鍾於人為忠臣為烈士何代無之而尤盛於

運隆化洽之日則多士中諒必有
若人者出以應
皇上之求矣
皇上明聖如
日月當天臣下忠不忠靡有遺
照徃醜虜內犯邊臣用命即
偏校亦拔為大將其糾懲息

弛雖擁旄杖鉞曾少貧乎此
多士所知也夫士平居所患
無可為時與圖報地有其時
與地矣而不竭忠靖獻振譽
策勳以自托於
日月之明決非多士之心也剡
忠非外物人心所固有哉 臣

不佞無以報
主上惟以望多士多士勉諸知是
舉者爲尚書臣懋右侍郎臣
之誥同知是舉者爲成國公
臣希忠英國公臣溶撫寧侯
臣岳遂安伯臣鏓宣城伯臣
守正鎮遠侯臣寰尚書臣炳

然監試為御史臣鯨臣叔和
自提調而下百執事之與有
勞者例皆列名左方云
奉訓大夫翰林院侍講學士
王大任謹序

武舉條格

嘉靖元年六月十一日太子太保兵部尚書臣彭澤等會同府部等衙門太傅定國公臣徐光祚少保兼太子太保吏部尚書臣喬宇等議得武舉之制先年所定者未必不善也而或未備近年所定者未必皆非也而或有偏令將前後武舉因革事宜參酌上

請合照舊每遇文舉鄉試之年行移天下招諭

各色人等堪應武舉者俱從巡按御史於
該年十月考試兩京武學于兵部月考優
等選取俱送兵部會華數目於次年夏四
月開科兵部堂上官并提督京營總兵官
統領大綱兵部司屬官分理衆務初九日
初場較騎射人發九矢中三矢以上者為
合式十二日二場較步射亦發九矢中一
矢以上者為合式十五日三場試策二道
論一道先期請

命翰林院官二員爲考試官給事中并部屬官四員爲同考試官監察御史二員爲監試官臨期

陛辭入院試卷彌封謄錄編號送内簾看詳各官生馬步中箭數目照試卷編號立簿填卷之日取號比對分配等第其策論弓馬俱優者列爲上等策論頗通而弓馬稍次者列於中等之前弓馬頗優而策論粗知者列於中等之後其或策論雖優而弓馬

不及或弓馬偏長而策論不通俱發回取
中名數臨期請自
上裁試畢一應有事場屋官員并中式之人照
文舉事例梓其姓名錄其弓馬策論之優
者裝潢成帙題曰武舉錄
進呈
睿覽仍出榜於兵部門首張掛次日早引赴
御前叩頭畢預事官俱赴中府會武宴亦照文
舉

廷試事例預行光祿寺設辦仍請
命內閣重臣一人主席宴畢該營備鼓樂職方
司官二員送武舉第一人歸第其中式官
生若答策二道作論一道馬上中四箭步
下又中二箭以上者官員於本職上加署
職二級其第一人若係百戶以上官員照
例加陞係百戶以下不為常例授以千戶
職銜以示崇興其第二名以下總旗授以
署副千戶小旗署百戶舍人舍餘軍民署

所鎮撫俱月支米三石答策二道作論一
道馬上中三箭以上步下又中一箭以上
者官員於本職上量加署職一級總旗授
以署百戶小旗署所鎮撫舍人舍餘軍民
署冠帶總旗月支米二石取中指揮以上
兵部斟酌推用署千百戶鎮撫總旗俱送
各邊總兵等官處贊畫及守堡聽用殺賊
應得俸糧幷加添米石俱於原衛所支給
獲有軍功照例加陞五年無功發回等因

題奉
聖旨是取中名數斟酌成化弘治年例行馬步
箭中數多寡再議了来說其餘依擬行欽此
續該本部查議得天順八年舊例應試官
旗舍餘人等有答策二道馬上中四箭步
下中二箭者各量加署二級答策二道馬
上中二箭步下中一箭以上者各量加署
一級及查成化四等年武舉取中少者二
名多不過七名弘治十七等年少者十五

名多不過三十二名合無照天順八年事
例初場馬上各以中四箭以上為合式二
場步下各以中二箭以上為合式選取既
嚴中式之人自是數少合將取中人員比
照文舉會試錄列名不必分為等第俱陞
署職二級惟復照舊分為上中二等等因
具題奉
聖旨你部裏說的是選取貴精既取貴用今後
箭數還照天順八年舊例馬上四箭以上步

下二箭以上方在取列但取中的免分等第
都陞署職二級名數臨時開具明白奏来定
奪欽此嘉靖十七年四月初一日欽奉
聖諭武舉着秋行後之舉亦秋行方合其義欽
此該太子太保兵部尚書臣張瓚等議得
秋八月兩多合無於秋九月舉行照例初
九日於團營教場試馬上箭十二日試步
下箭十五日於貢院試論策以後開科年
分永為遵守等因具題奉

聖旨是欽此嘉靖二十二年三月十六日太子
太保兵部尚書臣毛伯温等議得先該本
部等衙門會題內開武舉專為掺羅將材
其法至詳且盡但所舉之人不得實用去
年該兵部題奉
聖旨武舉連科舉行未見得人暫罷欽此今給
事中任瀛具奏欲要復設臣等共加酌議
係干舊典合候該科之年奏
請定奪但須照依會試南北卷事例分別邊方

腹裏如每科五十名邊方取三十名腹裏
取二十名庶得其用等因節奉
聖旨近年武舉委的無益實用今依擬開設務
求真材實有將畧的但分別邊方腹裏取人
不必拘足名數欽此今歲正係應試之期相
應題
請舉行等因具題本月十八日奉
聖旨照例行欽此嘉靖二十九年七月十一日
該給事中楊允繩李用敬各具奏該兵部

再議得武舉會試若不以邊方腰裹分別
竊恐勇力不同無益實用今次武舉合照
歷科舊規仍以邊方腰裹分定則例邊方
取三分腰裹取二分初場試馬上四箭以
上為中式二場試步下二箭以上為中式
三場試策二道論一道查其箭數多又能
畧通曉者優取之其箭數多而粗通文義
者亦為中式若箭數少而文理雖優者亦
在不取不必專重文字致有偏重其領敕

合照近年題奉
欽依臨時具奏
定奪中式之後俱各陞級加米加職指揮僉事
以上係京衛者內發京營推補號頭千總
及委各衛掌印僉書或發薊州保定二鎮
邊有各營哨千總把總員缺照例斟酌委
用或委守城堡千戶以下係京衛者或發
薊州保定二鎮臨邊去處委守城堡及在
京各所司委署掌印僉書係邊衛者俱發

各總督撫鎮衙門分隨各將官管操殺賊
委守城堡或量用千總把總及委各衛所
掌印僉書係腹裏兩直隸并各省不拘指
揮千百戶等官俱發各該巡撫衙門量委
各衛所掌印僉書管軍管事內北直隸臨
邊關去處亦許委守城堡及營哨把總其
取在五名之內者各照例先行叙用通候
效有勞蹟遇有保薦本部查有將官員缺
指揮以上酌量推用應陞級者照例陞級

千百戶等官量為錄用若有犯該革任帶
俸閑住者不論官職崇卑所加職米照例
革去委用之後若五年滿日另改別鎮又
至五年通無軍功又無薦舉及年老殘疾
者照例即將所加米石停止若有雖未及
五年不自愛惜生事擾人者各該總督撫
按并京營巡視科道等官通行參奏起送
回部俱照例革去原加米石發回原衛所
差操並不得指以武舉名色越例貪纏希

圖驟進其恭畫名色仍合照前革罷等因
具題本月十三日奉
聖旨准議欽此嘉靖三十二年十月二十日太
子少保兵部尚書聶豹等議將應試官生
曾經三次鄉試中式者查照文舉會試事
例不拘官舍軍民免其再試各省從本布
政司兩直隸從本府申呈撫按衙門取具
各該官司供結給與批文仍量給路費與
同漸科鄉舉之人一體赴京會試其有已

經給文別無事故而不行赴京者各司府
官訪出係軍職系奏軍民生舍餘間革仍
將原給文引路費通行追奪若非三科以
上者軍衛有司不許朦朧起送永為定規
等因具題二十二日奉
聖旨是欽此嘉靖三十七年七月十六日該兵
部左侍郎江東等議行令天下衛所指揮
千百戶等官見任應襲盡令學應武舉開
科花年量增名額以開廣收博採之門其

各省考選軍政本部推陞流官須將曾中
武舉鄉舉會舉與同實職官邉才異畧者
相兼錄用以示右賢尚能之意其南北人
材各因其宜騎射論策無取所長庶進取
之途廣而真材可以彙征矣等因具題十
八月節奉
聖旨依擬行欽此

嘉靖四十四年武舉

知武舉官

光祿大夫柱國少保兼太子太保兵部尚書楊　博　惟約山西蒲州人　己丑進士

嘉議大夫兵部右侍郎王之誥　告若湖廣石首縣人　甲辰進士

同知武舉官

特進光祿大夫柱國太師兼太子太師成國公朱希忠　貞卿直隸懷遠縣人

太子太保英國公張溶　浙卿河南祥符縣人

撫寧侯朱岳　廷肅河南夏邑縣人

少保兼太子太傅遂安伯陳鏸　國用四川巴縣人

宣城伯衛守正 伯貞直隸寧國縣人

總督京營戎政太子太保鎮遠侯顧寰 君錫直隸江都縣人

協理京營戎政兵部尚書趙炳然 子晦四川劍州人乙未進士

考試官

奉訓大夫翰林院侍講學士王大任 汝成陝西保安縣人癸丑進士

翰林院侍讀承直郎王希烈 子忠江西南昌府籍臨川縣人癸丑進士

同考試官

承事郎兵科都給事中邢守庭 紹男河南臨穎縣人丙辰進士

從仕郎吏科右給事中趙格 君正江西安福縣人乙未進士

承德郎吏部驗封清吏司署郎中事主事毛汝賢 子肖浙江永嘉縣人 丙辰進士

承直郎禮部主客清吏司署員外郎事主事胡定 明仲湖廣益陽縣人 丙辰進士

監試官

文林郎山西道監察御史顏鯨 應雷浙江慈谿縣人 丙辰進士

承事郎陝西道監察御史李綴 介甫直隸邯鄲縣人 癸丑進士

提調官

承德郎兵部職方清吏司署郎中事主事姜廷瑤 國信山東掖縣人 丙辰進士

承德郎兵部職方清吏司署郎中事主事歐陽穀 仲似江西安福縣人 己未進士

監射官

承德郎兵部武選清吏司署郎中事主事秦可大 仲孚陝西咸寧縣人 癸丑進士

承德郎兵部職方清吏司署員外郎事主事葉期遠 上卿福建漳浦縣人 癸丑進士

印卷官

登仕佐郎兵部司務張重 任之福建莆田縣人 癸卯貢士

承直郎兵部職方清吏司主事周浩 養正浙江杭州右衛人 壬戌進士

承直郎兵部職方清吏司主事甕蕙 季芳直隸安肅縣人 丙辰進士

承德郎兵部職方清吏司主事何源 仲深江西廣昌縣人 己未進士

收掌試卷官

徵仕郎中書舍人張元孝 天經湖廣茶陵州人

兵部車駕清吏司署郎中事司務郝永貞　仲吉山西蔚州人 庚子貢士

承德郎兵部職方清吏司署員外郎事主事田大穎　登之山東陽信縣人 己未進士

承直郎兵部武選清吏司主事周鳴瓚　思孔湖廣興永縣人 己未進士

受卷官

承德郎兵部武選清吏司署郎中事主事顧名世　華夫直隸上海縣人 己未進士

承德郎兵部武選清吏司主事劉峴　仁伯江西安福縣人 丙辰進士

承直郎兵部武選清吏司主事羅大紀　惟節江西南昌縣人 己未進士

彌封官

承德郎兵部武庫清吏司署郎中事主事葛鄭　叙卿直隸常熟縣人 丙辰進士

承直郎兵部車駕清吏司主事李堯德　性夫直隸永年縣人己未進士

承直郎兵部武庫清吏司主事盧仲佃　汝田浙江東陽縣人丙辰進士

承直郎兵部武選清吏司主事鄧洪震　鳴宇江西吉水縣人廣西宜化縣籍己未進士

謄録官

承直郎兵部車駕清吏司署員外郎主事蔡茂春　元卿直隸[illegible]河[illegible]籍福建[illegible]人己未進士

承直郎兵部武選清吏司主事孫光祖　子紹浙江[illegible]縣人己未進士

承德郎兵部車駕清吏司主事錢之選　[illegible]

對讀官

承直郎兵部職方清吏司主事湯[illegible]元　體仁直隸[illegible]縣人

承直郎兵部武庫清吏司主事張夢鯉 汶化山東萊陽縣人丙辰進士
承德郎兵部武庫清吏司主事徐用檢 克賢浙江蘭谿縣人壬戌進士
掌號官
昭勇將軍金吾右衛指揮使韓勲 本忠直隸宿遷縣人
昭勇將軍通州衛指揮使金鴻 貴儀山後人
懷遠將軍騰驤左衛署指揮同知朱士魁 子乾浙江嘉善縣人
懷遠將軍金吾左衛指揮同知九臯 鳴之山後人
搜檢官
明威將軍錦衣衛指揮僉事王宣 君召山後人

昭勇將軍錦衣衛指揮使宫　清　廉甫山後人

巡綽官

懷遠將軍金吾右衛指揮同知蔣　玉　廷重大興縣人

明威將軍會州衛指揮僉事董　壽　天祿山後人

昭勇將軍羽林前衛指揮使李　錦　尚絅蔚州人

監門官

昭勇將軍金吾左衛指揮使袁　漳　漢之湖廣黃州府人

昭勇將軍金吾左衛指揮使張　簡　國用山後人

武略將軍義勇後衛正千戶范　清　守直永清縣人

供給官

承直郎順天府通判劉愻　敬仲江西萬安縣人　[illegible]貢士

登仕佐郎順天府照磨所照磨康紹先　大顯山西興縣人　監生

順天府宛平縣縣丞芳煒　子文浙江餘姚縣人　知印

修職郎順天府大興縣主簿李舉　符聘直隸盧龍衛籍　監生

順天府宛平縣典史嚴邦顯　惟達浙江餘姚縣人　吏員

順天府大興縣典史趙繼成　世美浙江新城縣人　吏員

第壹場
試馬上箭
第貳場
試步下箭
第叁場
策二道
問孫子曰凡戰者以正合以奇勝夫奇不
離正變則不窮乃以語戰而守可遺歟
然所謂奇為其不可知也其曰善守者

敵不知其所攻非奇而何古之奇兵兵在陣內後世分奇兵於陣外何歟試舉一二言之如馬援之入羌營石勒之擊姬澹耿純之逐青犢楊素之討趙子開周訪之克杜曾狄青之突儂兵皆戰也虞詡於武都田國讓於馬城孔明於沔陽李光弼於太原韋孝寬於玉壁劉錡於順昌皆守也誰可謂奇歟抑其奇哉可相為用而通於戰守否歟令

聖天子道久化洽內順外威赫然稱至治矣猶
疆場不忘選將練兵惓惓惓惓焉則爾諸
士應
詔而來必有志於扼虜之吭而笞其背者願
聞今日所以戰守奇正之術安在擇其
可敬爲
當宁獻焉
問古之人所以靖國折衝赫然垂簡冊之
光者固以其勳猷之宏偉爾然當勳猷

未著之前而其君信任之亦豈有以自
見歟嘗觀韓信一見漢王即雌雄楚漢
謂三秦可定諸葛亮隆中畫策遂謂荊
益可圖方其初言若落落矣而竟如指
取何其預也至若先零犯塞漢庭擇可
將者充國自謂無踰老臣宜得勝算矣
及上遣問又謂兵難隃度夫難隃度也
而又何以知勝耶智高寇廣南狄青上
表請行具有定畫矣比至崑崙關乃始

辛智高不守使守之果不可入耶則前
請兵之對何其易也
國家文武造邦內盜外謐列障開府守在四
夷邇以邊備漸弛疆圉之事猶壓
廟議振勵而懲艾之有日矣乃成効未覩其
究安在爾諸士以武科進行且有分閫
責矣雖用兵之事臨敵制變不可預言
請言今日邊事之大較與爾之所以欲
自效者果能使異時計効不爽即古人

何多讓焉

論

五者知勝之道

武舉中式九十名

第一名程文範　萬全都司懷安衛指揮僉事

第二名馬承勳　京衛武學肄業百戶

第三名賈陳策　騰驤右衛會舉指揮使應襲

第四名李澄清　遼東都司定遼左衛冠帶小旗

第五名徐岐鳴　山東平原縣武生

第六名任大同　京衛武學會舉官

第七名霍文明　京衛武學生

第八名趙有開　福建同安縣民

第九名魏廷梅　京衛武學生

第十名王　鎮　騰驤右衛舍舉副千戶

第十一名郝　勛　山西交城縣武生

第十二名張崇德　直隸滁州衛右所副千戶

第十三名游體仁　旗手衛中所舍舉正千戶

第十四名樊雲龍　河南宣武衛後所正千戶

第十五名趙夢祐　錦衣衛左所舍舉正千戶

第十六名任　賢　直隸常熟縣武生

第十七名馬建垛　遼東都司廣寧後屯衛武生
第十八名蔡希望　廣東東莞縣武生
第十九名趙淶　直隸新安衛指揮僉事
第二十名王正　河南都司河南衛中所百戶
第二十一名黃繡　福建行都司延平衛後所副千戶
第二十二名田高　遼東都司廣寧中衛前所小旗
第二十三名陳師表　湖廣都司辰州衛指揮僉事
第二十四名洪恩　南京神策衛右所正千戶應襲
第二十五名朱英　直隸嘉定縣民

第二十六名馬應奎　驍騎右衛會舉指揮使餘

第二十七名魏孔與　山西都司沁州守禦千戶所副千戶

第二十八名丁守正　騰驤左衛中左所會舉百戶

第二十九名項權　遼東都司海州衛武生

第三十名王汝林　遼東都司東寧衛右所百戶

第三十一名朱陞　浙江都司定海衛左所百戶

第三十二名許瀛　京衛武學生

第三十三名郭荔　錦衣衛[illegible]後所校餘

第三十四名崔邦翰　大寧都司保定後衛中所[illegible]

第三十五名陳玗　陝西都司寧夏左屯衛武生

第三十六名王鯨躍　京衛武學生

第三十七名孔東儒　遼東都司遼海衛指揮應襲

第三十八名劉承宗　虎賁左衛中所舍乘副千戶

第三十九名游世忠　湖廣行都司都指揮應襲

第四十名戴惠　京衛武學生

第四十一名曲官　萬全都司蔚州衛武生

第四十二名劉濟民　陝西都司慶陽衛安邊所武生

第四十三名尹三聘　京衛武學應襲副千戶

第四十四名鄒應禎　直隸涿鹿衛武生
第四十五名苟繼先　京衛武學肄業指揮僉事
第四十六名晏葵　南京犧牲所會舉百戶
第四十七名王國翰　陝西都司綏德衛中所千戶應襲
第四十八名嚴勲　京衛武學肄業指揮使
第四十九名李聯芳　遼東都司蓋州衛右所百戶應襲
第五十名孟得賢　山東都司登州衛前所小旗
第五十一名劉滋　京衛武學肄業試帶小旗
第五十二名長志遠　遼東都司廣寧中屯衛舍餘

第五十三名湯　佛　大寧都司保定中衛武生

第五十四名范應科　遼東都司都揮使司僉書

第五十五名凌　雲　遼東都司定遼後衛武生

第五十六名牛伯奇　萬全都司保安衛指揮同知應襲

第五十七名郭天錫　京衛武學生

第五十八名金承勛　京衛武學世襲指揮同知

第五十九名徐英孫　福建都司泉州衛左所百戶

第六十名張元輔　陝西都司綏德衛右所冠帶總旗

第六十一名賀　捷　山西行都司天成衛指揮僉事應襲

第六十二名朱帶　萬全都司萬全右衛後所試百戶

第六十三名曹郁　遼東都司都指揮應襲

第六十四名宋繼文　遼東都司定遼後衛左所百戶

第六十五名吳廷臣　遼東都司廣寧後衛武生

第六十六名安邦　陝西都司綏德衛左所百戶

第六十七名趙邦憲　萬全都司開平衛指揮僉事應襲

第六十八名李俞哥　陝西都司慶陽衛武生

第六十九名吳仕良　遼東都司軍餘

第七十名張棟　遼東都司海州衛右所小旗

第七十一名陳應魁　貴州都司貴州前衛武生

第七十二名張謙　萬全都司懷安衛武生

第七十三名張世武　遼東都司廣寧左衛右所百戶

第七十四名王世儒　萬全都司宣府右衛舍人

第七十五名陳宗謨　京衛武學肄業指揮僉事

第七十六名葉承爕　陝西都司綏德衛指揮僉事

第七十七名劉忠　萬全都司宣府左衛右所副千戶

第七十八名楊啓元　南京京衛武學肄業指揮同知

第七十九名孫濟美　浙江都司觀海衛指揮舍人

第八十名孫珎　萬全都司宣府左衛武生
第八十一名黄孝敢　河南都司睢陽衛指揮僉事
第八十二名高文學　京衛武學錦衣衛指揮僉事應襲
第八十三名張鏜　京衛武學肄業副千戶
第八十四名張自新　遼東都司義州衛武生
第八十五名李應時　錦衣衛衣左所旗餘
第八十六名丁朝文　遼東都司自在州舍餘
第八十七名楊守廉　貴州都司貴州衛署指揮使應襲
第八十八名楊應春　廣洋衛帶俸指揮僉事應襲

第八十九名王承乾　遼東都司蓋州衛武生

第九十名繆　恩　遼東都司定遼衛武生

第一問

馬上中 箭

步下中 箭

同考試官員外郎胡 批 兵家職守皆貴奇而奇正之變不可勝窮古將帥攻守其奇畫可觀也子所綜覈古人已事具矣至歌已事施之今日又何中也此不嘗羅森櫜闕

欲得算以暢
國事惡能言條列若是豈所謂兎罝干城者乎
同考試官郎中毛　批　職守各殊
宜奇正互為運用此古兵法之善也子能籌
度精詳敷陳明盡且求以責實歸之選將允
為切中肯綮他日膺閫寄勲端有望于子矣
同考試官右給事中趙　批　今之言戰守
奇正者率狃於常談此作審度機宜縱橫際奇
人之事如指掌中求以責實中起兵場所從

所謂誠與才合者非耶可以策異日之奇[illegible]
矣

同考試官都給事中邢　批　發明奇正合
一之説無遺而復以責實望時將尤得要領
且筆陣縱橫詞鋒健勁蓋士之有經緯者高
薦名宜

考試官侍讀王　批　談兵詳於守而
歸於責實具見方畧且以古人事律今邊事
意獨懇到他日必能以古人自處者

將士但知守邊
守而出奇尤為得策子能發明此義酌古準
今氣徤才高可知他日出奇不窮也宜首取

考試官侍講學士王　批

善用兵者其要則在於察機善治兵者其本則在於責實蓋兵詭道也無定形也是故有可以戰可以無戰有可以守可以無守可不可交於前而變化生焉奇正出焉察之而得其機則用無弗臧察之而不得其機則用無弗否與其用之於臨時其必

治之於平日振積衰之頹風鼓厲精之徒氣此責實之說講武者所當審也執事發策以戰守之奇爲問因及於禦虜之術顧鄙生非抱奇者何以語奇雖然敢無以復執事夫兵也者委其身於干戈弧矢之場而欲以勝敵者也乃敵亦欲以勝我也然其機不過於戰守其用不出於奇正戰非有外於守戰則守之發散也守非有外於戰守則戰之翕聚也奇非有外於正而貫

乎戰守之間猶之發散而不知為發散翕聚而不知為翕聚也通於此說者而後可與談兵矣孫子曰凡戰者以正合以奇勝此言戰非奇莫可以取勝非謂戰無奇而守不用奇也不然何以曰善守者敵不知其所攻蓋守之所以為奇即戰之所以為奇古人不以戰守而分奇亦不分正與奇也所謂奇兵者即正兵之變耳是故兩軍相拒由不虞之道者為奇兵而兩軍相合搏

前擊後者為奇兵兩軍相持乘虛迭進者
為奇兵兩壘相守詭出詭入者為奇兵非
陣之外別有其奇也後世不悟而先後旁
擊之說至紛紛焉蓋不知其奇矣又安能
出奇也粵稽古人如馬援潛道掩赴菴營
石勒設伏夾擊姬澹耿純持弩銜枚而破
青犢楊素入山緣谷而敗于開周訪之於
杜曾分兩甄以當前甄兵皆敗矣督中軍
以挫其鋒狄青之於黥虜而鳴鉦以退師

虜人大笑矣忽突出以潰其衆凡此皆戰
也古人以戰而用奇者多矣此何足以盡
之慾可畧也若虞詡守武都也羌衆圍之
者萬餘乃陳兵迭出貿易衣服俟其更相
恐動而設伏追擊殺羌人數十日赤亭徒
勞法曰善動敵者形之敵必從之詡蓋有
以識此矣非奇乎田國讓守馬城也鮮卑
圍之者十重乃揚兵南門虜方屬目而躬
率精鋭出不意以亂其營敗鮮卑二十里

僵屍滿地法曰出其所不趨趨其所不意
讓蓋有以得此矣非奇乎孔明屯沔陽魏
延諸軍悉遣東下守者能幾何也司馬懿
以二十萬衆薄之將士失色矣亮意氣自
若臥旗息鼓卷幔開門掃地却灑懿果疑
而引去不然知無強伏乘虛直擣將莫知
所終而拊手大笑豈不在魏人耶法曰不
動知山難知如陰其亮之謂與非奇乎李
光弼入太原一時銳兵悉赴朔方麾下卒

不多也史思明將十萬兵而來衆議培城
以待矣光弼撤屋造車欄石擊衆穴地頹
山潛溝沉軍伐而鼓譟出乘俘斬且萬計
矣不然飛樓障幔築土臨城此何等時也
而培城固守豈徒疲吾民耶法曰無恃其
不攻恃吾有所不可攻其光弼之謂歟非
奇乎韋孝寬守玉壁也高歡悉山東之衆
而隨機以拒掘長塹縫布幔作長鉤豎木
柵卒奪據土山歡亦發疾以歸矣關西男

子必不爲降將軍孝寬可謂知己矣故因
情操術其奇自是不窮也劉錡守順昌也
金人合數道之兵而多方以禦埋輪輾蒺
户扉吹竹蹈獻浮橋繼以書約戰乃夲拔
營壯去矣訖官留司竟成沉舟之志若錡
可謂多兵矣故因形措勝其奇自是莫當
也是數子也遇變固有不同應變不能無
異均之出謀定計却敵伸威留聲當代振
譽史青而孔明尤其奇也何也不戰而屈

人兵者則鬬之矣夫有不守而屈人之兵
者也然合而言之則奇於守者何嘗不用
於戰奇於戰者何嘗不資於守譬則醫之
用藥也有補益之劑焉有攻擊之劑焉其
主方則正也用其體之寒熱酌其氣之實
虛而佐使之出入增損者是補益攻擊之
奇也豈可謂補益皆正而攻擊皆奇乎故
曰奇正者貫乎戰守之間者也而孫子亦
曰奇正之變相生無端斯其極論也已方

今
聖明在上道久化洽
文治武烈超越千古梯航重譯而至者何限
也顧蠢茲小醜猶率故性守邊將士未覩
長籌以上廑
宵旰之念誠以戰守之機失奇正之用殊也蓋
今之言戰守者孰不曰王者之治夷狄治
以不治也守為便夫使守果足以自安也
則飛輓不勞甲士不頓坐保無虞矣何不

可者顧一矢不發四望空驚以虜飽所欲
於吾守之外而去爲幸不幸攻之則破矣
守何爲也傳稱淄水之上有桃梗笑土偶
人曰予西岸之土也挺子爲人秋雨降淄
水至則汝殘矣彼守而不能戰者則亦何
異於偶人又孰不曰匈奴雖多一大縣也
戰爲便夫使戰果足以制虜也則以律而
出奏凱而還一勞永逸矣何不可者顧聞
風頸縮見形心寒以虜不當吾陣之前而

他移為幸不幸值之而戰則北矣戰何為也彼土偶人笑桃梗曰子東國之桃梗也刻削子而為人秋雨下淄水至漂子而去莫知所之矣彼戰而不能自存者則亦何異於桃梗茲欲戰守之間皆得勝算求不為土偶桃梗之笑其惟在於察機乎機者何較戰守之輕重酌時勢之緩急而得其宜是也蓋我

國家一統守在四夷將士材官棊布雲屯非

不可繫頸單于空庭慕南也誠以五服要
荒列為不治固吾疆圉俾不內侵豈知夷
性豺狼黠氣日驕靜而守之勢將不支矧
無處不守無處不弱也故今日之患患不
在守患守而不能出奇以戰守而出奇則
其守益固而始足以稱守矣昔虞詡增竈
示強發弩示弱故能避實擊虛智伏羌人
今邊將能之耶愚以為虜氣初張固貴自
守誠得其險而伏之未入則堵截半入則

邀擊或夜斫其營或掩襲其後則敵人失
利後不畏我乎此守之貴於設伏也田國
讓兩頭俱發號稱銳兵故能散亂重圍大
敗鮮卑今邊將能之耶愚以為各營宜選
敢勇之士立為戰鋒賞賜月糧特加優恤
若虜犯吾營姑堅守勿戰候其惰而以敢
勇者擊之將所向披靡繼躡以大軍雖橫
行匈奴可也此守之貴於選鋒也孔明用
兵如神仲達畏之如虎故一望沔陽走且

循山令邊將畏虜與士卒同其甲冑若恐為虜所得而虜亦不知其將伊誰也世有孔明則形人而我無形矣此守之貴於神也光弼治師以嚴諸將不敢仰視故力保太原安若盤石令將帥畏偏裨偏裨畏士卒有能以軍法從事使士卒股慄耶世有光弼則畏將不畏敵矣此守之貴於嚴也韋孝寬為東魏苦攻五十日矣而曰攻者自勞守者自逸致高歡智力皆困寢感疾

漸令虜東則我西虜南則我北是虜從容
務食於敵而我返勞矣茲若於虜入犯依
險結營待其四散搶掠各出勇士相機追
逐則虜情牽制勢難長驅所謂飽待飢靜
待動也此守之貴於有備也劉錡破長勝
軍也以銳斧入陣致兀朮棄屍斃馬血肉
枕藉韓常以下皆鞭之矣今劍戟秖須地
鬬弓馬尤虜所長比驕騎一衝皆無可用
茲若與虜對壘亦雜以銳斧或倣武穆之

麻扎刀候其衝而刀斧齊下則馬仆虜僵
長技在我所謂其勢險其節短也此守之
貴於利器也雖然此亦即古人所已試者
言之蓋變無常形安可預圖運用之妙在
乎將耳將得其人則呼吸變化動中機宜
以守為戰以正出奇隨所顧指罔不如算
此愚生所謂責實也責實之道其說多端
如信賞罰實行伍謹斥堠明間諜簡車騎
繕墉堡皆昔人所常云也為今之計惟申

明賑勵之矧得其將可次第舉也草莽武
夫方圖荷戈大將之營思効尺寸願先委
議為將者之短長如此識莫知所忌也惟
執事進而教之

又

馬中　箭

步中　箭

同考試官員外郎胡　批　兵先氣其次

脩政令奇乃可施于鉤極奇謀而其卒歸之
忠勇法令以絕炎猜忌可謂知務矣

同考試官郎中毛　批

此篇敘述詳
整思致縱橫出甚古名將戰守奇正之術至
論明賞罰行將令振士氣三者允為今日籌
邊要務執此以往必能制勝于萬全矣取之

同考試官右給事中趙　批

兵家之法不
外奇正戰守而任將乃其要領是作原本之
情監古按弊明若著衡而尤以將令之行士

氣之振為將將者責誠俊傑之識也惟榮屬

子樹立詎可量哉錄之

同考試官都給事中邢　批　此作格調森

嚴詞語雄渾宛如老將行師正奇迭出篇末

攻心守氣之論尤見所養子其胸富甲兵者

乎

考試官侍讀王　批　論古人戰守事

紀律嚴整子其知將兵矣言時務復剴切取

之

考試官侍講學士王　批　古將用兵奇處人多難識子條答中具能洞悉非蘊奇者能爾耶

夫兵之情術衆矣其用不外乎戰守而其法不出乎奇正戰守異形而同用是故互變而不可定奇正異用而同機是故循環無端而不可測何謂正戰之所為攻守之所為備敵與我之勢定於可見者也何謂奇戰之所無攻守之所無備敵與我之機

動於不可測者也故兵之有戰守猶戶之有開闔弩之有張弛也其正與奇妙應於戰守之間變而不可定動而不可測者猶戶樞運而開闔無端弩機設而張弛不窮也故可勝而戰非一於戰也而常治其有餘蓋必藏其用於守而後吾之奇不竭於戰也不可勝而守非一於守也而常治其不足蓋必神其用於戰而後吾之奇不困於守也故古之善戰者攻其所救而擣常

出其所不救故能以奇為勝泜水之戰是已漢幟立而趙壁奪此成安所以喪魄於淮陰也古之善守者守其所備而先計其所不備故能以戰為守即墨之守是已火牛縱而燕軍亂此騎刼所以窘死於安平也知乎此可與論奇矣孫子曰凡戰以正合以奇勝言戰之貴奇也又曰善守者敵不知其所攻夫使敵不知其所攻則不言奇而奇在其中矣李靖號為知兵者乃曰

凡將正而無奇則守將也奇而無正則鬪
將也是分戰守為二將析奇正為二道殊
益甚矣愚生嘗究覽史冊竊觀往事而知
古人用兵之奇通於戰守者是故於戰之
奇而得馬援石勒耿純楊素周訪狄青馬
於守之奇而得虞詡田國讓諸葛孔明李
光弼韋孝寬劉錡馬馬援之襲先零所謂
乘其不備者也蓋援以老將守隴西地形
虜狀審之熟矣此所以不戒於窮追鄉石

勒之擊姫澹所謂敵則能攻之者也盖勒
以強胡當勍敵置疑設伏謀之審矣此所
以能決於一戰瞰青犢夜攻耿純雨射營
中純宜奪氣矣而強弩發機卒以破賊者
純之堅壁不動能匿形以擊耳趙子開擁
衆十萬栅徑據高素宜莫當矣而竟踰絶
險卒以平諒者素之以義討賊能以直為
壯耳周訪之擊杜曾以逸待勞者也委兩
甄以當之率精鋭以克之勍之子也乃所以

為取乎狄青之備北虜以寡當衆者也方佯退以誘之遽突擊以乘之青之却也乃所以為進乎之數子者皆戰也而其所以為奇者能藏其用於守而不竭耳使知戰而不知守是開戶以待乘垣之盜彎張弦絕而不顧者也其能以制勝乎虞翊未至武都羌虜迎拒勢若迫矣然增竈疾趨設伏掩擊而虜覺敗北非形之而敵必從之者乎田國讓與守馬城虜圍十匝勢極重矣

然後開門出精銳北擊而肅竟潰去非出其不意乘其所之者乎蜀兵悉衆東下沔陽之城守孤矣孔明開門卷幔掃地卻灑而坐卻司馬懿二十萬之師所謂不戰而屈人之兵善之善者也唐兵悉赴朔方太原之城守危矣光弼檑石擊衆穴地沉軍而卒充史思明十萬之衆所謂立於不敗之地而不失敵之敗者也孝寬之守玉壁以固守為奇者也是故汾水可移而士不

可困亡山可起而阨不可乘地可穴城可
隳而敵不可入卒之門不啓鑰矢不遺鏃
高歡喪師七萬而重圍竟解矣劉錡之守
順昌以必戰為奇者也是故因間於敵以
審其計濟師決戰以示其強以逸待勞避
銳擊惰以決其勝卒之犀斧當前鐵騎盡
北兀朮喪師十七而膚魄盡奪矣是數子
者皆守也而其所以為奇者能神其用於
戰而不困耳使知守而不知戰是閉戶以

却斬關之盡弓弛矢逸而不顧者也其能
以拒敵乎夫戰之奇若昔人所已言也守
之奇若昔人所未言也故愚於守而尤有
取於二子焉武侯之料仲達上將伐謀者
也大勝不鬪大兵無創鬼神與通矣智孰
加焉劉錡之距兀朮死地則戰者也小勝
益急小挫益厲士氣百倍矣勇孰加焉二
子之守又非所謂奇之奇者乎乃若今日
之兵不過爲邊備爾故其道莫要於守而

其所以弛而弗振者盖不知以戰為守耳
我
皇上聖智神武君臨萬邦內順外威五兵宜戢
而邊境之事猶厪
聖慮此在疆場之臣有不得不任其責者夫兵
之所以無奇者非他焉士氣之弗振也士
氣之所以弗振者非他焉將令之弗行也
將賢士勇而無以立功宜威者非他焉賞
罰之弗明也故必賞罰明於上而後將令

行於下將令行於下而後士氣振而兵奇出愚生不暇遠引請以前數子者評之夫武侯嘗奇馬謖矣街亭之敗涕泣而斬之所以重法也令者嚴損軍之令而寬失律之誅此廣將之利而國士之所扼腕也秋青嘗言秦漢以来首級論功之弊欲一切罷之今者累拒禦之勞而濫首功之賞此厮卒之利而豪傑之所傷心也所謂明賞罰者此也史稱孝寬善於御衆士卒感勵

思死難今之邊卒饑寒切身而軍needs耗於
掊克老癃守閘而從卒役於私門彼方疾
視其上而欲驅之赴難得乎所謂將令之
不行者此也伏波志在死邊故能出擣虜
穴虞詡事不避難故能坐制羌戎今沿邊
諸將有能出塞攻虜追戰數百里者乎有
能畫地自守虜不敢犯因而克之者乎是
死邊之志不避難之勇不如馬援虞詡也
耿純被虜攻營士多傷死既不為動又追

擊之卒能用以取功其忠勇有過人者今沿邊諸營以虜遠近為進卻望塵而奔乃其故態有虜攻其營而能不動者乎有既從於虜而旋能得志者乎是忠勇不如獻純也所謂士氣之張者此也史稱劉錡在順昌設伏城下得阿黑黨知虜所在因夜擊之又募得曹成輩遣間以懈虜心夫錡倉卒備難猶能因間於敵以得掌機今沿邊偵候固絡繹也然或得其影而不得其

賞或偏其細不得其大孫子曰三軍之事
莫親於間賞莫厚於間事莫密於間此[illegible]
可從責之急足但卒也是數者皆今日之
急務也夫賞罰有將任者有非將任者猶
可解也若將令之不行士氣之不振其責
在將無可解者故必有死封疆之將而後
有死鋒鏑之士士有挾醪挾纊之恩而後
有蹈水赴火之勇法曰視卒如愛子可與
之俱死又曰卒已親附而罰不行不可用

也言恩與威也故將於士卒苟無恩以結其心無威以制其命又臨敵畏縮不能以身率先而倡其勇敢如是而欲觀便俟釁一戰以創虜不可得矣衛公曰夫攻者不止攻其城擊其陳而已必有攻其心之術焉守者不止完其壁堅其陳而已必也守吾氣而有待焉苟能守吾氣而有待焉雖謂之奇可也

第二問

馬上中　箭

步下中　箭

同考試官員外郎胡　批　凡將上志上

謀謀欲審以變是以孔明定蠻於番趙充國

重隃度子忖奪古人且以指畫經事一一掌

中當亦志謀之士耶

同考試官郎中毛　批　武闈答策類

襲陳言惟此作援古証今明確精當而操縱

闔闢之才沉鬱慷慨之氣具見于言外他日
嚮將必能建立奇勲者取之非獨以其文也

同考試官右給事中趙　批　審勢辨方曲
盡四子之蘊指摘時事諄諄於誠之一言忠
君愛國之心可識矣豈尚論之中獨於卧廬者仰法取耶

同考試官都給事中邢　批　此作有斷案
有歷證較量古今指陳方畧如燭照數計毫
髮不爽擬闢得手可以横行向奴中矣取之

考試官侍讀王　批　是作文思春容

意多感慨有儒將風度宜録以式

考試官侍講學士王　批　獨子對不拘問
目有超然遠覽意若使當閫方畧自不羣也

夫兵無常勝之形而善治兵者則有必勝之算必勝之算者是常勝之具也形曷以無常勝形因乎勢者也勢有成體而互異者若人之老少虛實然有沓至而不測者若天之陰晴涼燠然甚矣其不可以定擬也而又曷以有常勝之具乎具存乎人者

也干將必斷物無能為堅騏驥必至途無
能為遠君子觀體而知方審變而知待敵
無能為難故勝可必也嘗觀古之人有稱
善治兵者矣彼豈徒果鷙慓悍毅然決一
旦之勝哉夫亦揆時以詳其形量己以審
其具度其難易遠近疎密之節與夫闔闢
操縱取與之宜日默默然計劃於心目之
間而得夫的然有成之算矣一旦卒而叩
之則其應甚豫舉而任之則其事甚習要

其後而驗之則其效甚著彼其於天下事豈不猶工師持繩而長年之操柁檝者哉雖然兵固有可得而預言者有不可得而預言者而又有不必言者夫利斨安穀甲胄繕弓弩兵之必不可闕者也然司器者治之耳非將帥之任也豐儲偫聚糗糧充茭芻兵之必不可闕者也然司餉者治之耳非將帥之任也若此者不必言者也其可得而預言者何也形之成體而算之排

方者是已其不可得而預言者何也形之沓至而算之審變者是已所謂成體者何是天下之大勢也利害之相乘遠近之相取安危之相伏離合多寡之相間辨在亮釐較若日星而世人莫能察也達者從而指陳之若分黑白數一二故韓信抵掌析三秦之策孔明立談定荊益之畫法所謂策之而知得失之計角之而知有餘不足之處者此也所謂辨方者何是天下之大

計也君子之謀人國者猶醫師之謀人身也胗病之陽投以陰胗病之陰投以陽劑察證悉而處方當也故充國老臣慷慨而任先零之責狄青末將從容而效交南之計卒若計齒索負靡有逋焉法所謂未戰而廟算勝者得算多者也若夫旗幟相望煩靜易焉金鼓相接詭正殊焉原野而反國中之圖日中而失終朝之故紛紛往復恍惚變觀於是當機而發之隨樞而運

之翕張神鬼使敵人乖其所之出入死生使三軍不得其慮要在於靖圍折衝而立於不可敗此將心之獨覺神道之妙用不可預言者也是以囊沙背水之奇淮陰不能陳於登壇之日風雲龍蛇之陣武侯不能指於三顧之時後將軍既至湟中然後圖上其屯田之畧武襄既入崑崙關然後喜售其懈敵之謀蓋形至此而後見計至此而後決當其先非不欲言之而不可知

其必出於此也法所謂兵無常勢因敵變化而取勝者謂之神也故談兵之士而不觀當世之大較者昧籌世致用而不得其要者迂輙言敵態者輕遻億其臨事之方者滯四者將之疵也明君之所不取也執事欲聞今日之大較可得而預言者乎則一言以蔽之曰形實不相副而已所謂形實不相副者備似堅而實瑕兵似衆而實寡法似密而實踈也夫

國家環四海以為帶島夷羗笮雖暫有不靖
旋就摧廓其所嚴備而重防無若北狄然
自
國初繕秦故塞西起臨洮東至遼左垣墻聯
絡堠通也控扼有關巡徼有卒防禦有營
不啻堅矣然延袤遠而通虜路多則地利
有所未周乘障久而饑渴為困則士氣不
能常銳況千里而守亡虜也尺寸有間虜
斯乘之矣然歲而守亡虜之時日有間虜

斯乘之矣法曰攻瑕則堅者瑕故曰備似
堅而實瑕也夫北虜之衆不過中國一大
郡舉天下之全力以禦之其數不啻十倍
可謂衆矣然彼合而戰則勢專我分而守
則勢渙法所謂無所不備則無所不寡得
無近似之乎矧古之料力者謂中國之兵
五當匈奴之一加以尺籍之逃亡老弱之
具數在在然也故曰實寡也且人孰不慿
生而惡死兵死地也所以使民義不反顧

者功罪明而賞罰信耳今之法令非不素
具也然而上狀往返動經旬時覈實留難
多淆功罪當其有功未必賞也追賞之或
適失律焉猶賞罪也當其有罪未必罰也
追罰之或適獻馘焉猶罰功也故首虜不
明而士無所勸懲法曰賞不踰時欲民速
得為善之利也罰不遷列欲民速覩為不
善之害也蓋不速則利害不明與無賞罰
同故雖審亦曰踈也夫今日

朝廷制馭之方與夫疆圉之臣所當自效者
宜何如亦惟畧煩文之飾而責以安攘之
實效黜謀身之慮而修其城守之實功而
已法曰將能而君不御者勝故閫以外將
軍制之言貴專也李牧守邊宜雖趙數使
使趣之竟不出戰陳平間楚漢捐四十萬
金而不問其出入夫然後匈奴可破而范
增可死也夫國家謀萬人之帥當其始豈
謂之不才而徵文鑿理若置譜而教奕此

庸懦人之利而非社稷之長策也夫纓索
長則騏驥蹇於步縶韝不解鷹隼鷙不能
搏擊矣故將不任兵事廢置之可也如其
任之則宜寬其文法付之便宜而責其後
効使魏尚之徒得有以自見而國受其利
法曰將進不求名退不避罪唯民是保而
利於主國之寶也求名避罪蓋所謂為身
謀耳夫士受推轂之任而為三軍之司命
國安危衆死生係焉夫苟内計身謀則為

民與主謀也必輕謀謀輕則舉事不然成
則士心惑敗之道也故曰必死可殺必生
可虜將之過也是故為將者內審於己外
審於敵制變通方必參以伍利在於守則
守之非避罪也利在於攻則攻之非求名
也一心以殉公家之急而計無內顧使眾
附而兵彊又何形實不相副之患哉夫寬
文以馭將是上以誠任下也忘身以殉國
是下以誠執上也誠意流通精神折衝以

守則固以攻則取又何欺蔽之足防而虛
文玩愒之足慮耶愚也武夫不通於當世
之務執事之問發端於四子非愚生所敢
任也顧今日邊事之大較與夫愚生所欲
自效者惟此可得而預言耳若夫臨敵制
勝之畧則有不可預設而先圖者愚生雖
從激於心討其足以辦之而口不可得而
言也昔曹子建求自試以當一隊是宜展
盡底蘊以啓武帝之聽也而乃曰兵者臨

難而制變不可預言何哉蓋真有不可得
而言也此輪扁所不能語斤也馬服君之
子易言之乃所謂不知兵爾惟執事擇之

又

馬上中 箭
步下中 箭

同考試官員外郎胡　批
子策窺古則
得其情核今則中其弊允哉之言庶幾徃哲

行且試予矣

同考試官郎中毛　批　兵家厥算其要不外寄授英才二者而已此作數揭四子之蘊反覆詳哉而振刷精采讀畢又皆堅壁可行蓋涉獵今古而志在邊疆者也亟薦之

同考試官右給事中趙　批　讀古人之事而今日之宜慷慨激烈摧壓萬人之勢隱然在目薦之者不獨以其武也

同考試官都給事中邢　批　文有逸八

更準的如指門於繁細戟森羅亂者殊不攻
犯廣直策士之文而已宜錄以式

考試官侍讀王　批　述四子方畧拼
而有體論時務復精覈于其武士中俊傑者

考試官侍講學士王　批　論古人與權務
具見方畧若置于帷幄中當一一有成算
也

夫勢以權用者也能因勢而審權者可與
制變矣夫士以材任者也能量材而受事

者可與成功矣勢者何離合聚形強弱興
氣仁暴異德利害興用九轉紛紜得之則
存失之則亡不可爲要者也材者何世所
易聽匪智曷晰世所共懾匪勇曷奮拔之
至艱納之至大知微任決與衆異慮者也
古之人進而觀勢於天下既有以識其必
至之機退而審材於一己又有以信其必
成之畫故抵掌振袂料事料人如日官隔
歲而預步寒燠按度布筭不謬晷刻若符

和視疾聆聲察色而知病所由来鍼砭藥石湯熨及之無一失也此固世之所驚詑信服而不知豪傑之士則以此為固然不足異者執事發策武闈歷舉古人効猷始終之跡欲聞諸生所以自効汲汲求將之心其所待諸生者至勤厚也愚武流曷敢自附於古人然問及之不敢默也昔漢高之去咸陽而王漢中也欝欝之心日夜欲東然憚項籍無如何也一旦得韓信築壇

而拜之太將訊以籌策吾觀信之策大都謂楚疆易弱三秦王不足忌也義士思東秦民銜望於漢也關中之險足控天下楚得之而不能守也孫子曰知彼知己勝乃不殆信其以之是以一傳檄而威秦藏項蓋信觀天下之勢其低昂如此而又自視其才足以辦之故其發言易而取効果也信真國士無雙者哉先主去汝南而屯新野也伸義之志顛沛未已顧依劉表無能

為也一旦聞諸葛亮三顧隆中問計所出吾考亮之言大都謂曹操不可與爭鋒也孫權可與為援不可圖也跨有荊益霸業可成漢室可興也孫子曰知天知地勝乃可全亮其以之故不數載而鼎足形成蓋亮觀天下之勢其分合如此而又自量其才足以集之故言有序而效可徵也亮真所謂伏龍者哉漢地節中先零羌叛宣帝問誰可將者趙充國自謂無踰老臣壯心

未已也卒之招諭罕开而羌黨攜屯田湟中而羌勢困可謂不戰而屈人之兵矣一時漢庭諸將生事邀功孰能踰之執事乃疑其始既自信為無踰繼又謂兵為難度若先後不相蒙者殊不知老成之見隨時變易言各攸當也孫子曰善戰者能為不可勝不能使敵之必可勝充國自量足以制此是以任之不疑至於屈力攻心之方固不可驟得而預設也譬之國奕未奕而

知其必勝者其自信固爾至於擊斷攻[illegible]
之變則必奕乃可見也而又何疑焉宋皇
祐中儂智高叛仁宗憂諸將無功狄青毅
然上表請行義形於色矣卒之夜度崑崙
賊莫能測逆戰歸仁賊莫能當可謂制人
而不制於人矣當時領南論功比迹曹彬
帝亦嘉之執事乃謂青既度關始幸賊之
不守疑其初言若過決者殊不知良將之
謀已有成算斯特喜其易與耳孫子曰始

如處女敵人開戶后如脫兎敵不及拒青之自料蓋無難此是以任之不疑至於圓行方止之妙必有隨機而應者譬之庖丁解牛目無全牛者游刃於經綮而用斤於髋髀也向使儂果守關青必有用斤之術矣而又何疑焉由是觀之離合者開塞之準也強弱者翕張之度也仁暴者向背之端也利害者取舍之極也明智者機微之剖也沉勇者功能之兆也勢在於人靜以

權之材具于我默以成之人不吾知則已
知之則用吾靜所權者應之故校無常之
勢若素習也天下無事則已有事則用吾
默所成者試之故臻非常之績若預定也
古之人所以不可及者非徒四公而已凡
決疑定計靖難策勳威稜憺於當時流光
施於後世者孰非由斯道也知此則當今
之勢與愚生所得自効者可得而言矣我
國家神武造邦自

二祖鞭撻四夷犂庭掃穴盡刷百王之耻今二
百年矣
天眷
皇上應運中興
文德武功先後重光尉候屬之東西聲教被
於荒徼雄圖开制将士雲屯自古中國之
盛蓋莫有盛於
今日者非楚漢吳魏之勢比也雖山海逋遺
時一跳聚而

廟謨迅發旋就翦除方之先零廣源之寇茂
矣惟此窮壯醜虜歛喙飲息卵翼蕃孳漸
成驕橫促我介胄之士終歲沈戈斥堠之
卒窮年乘障
聖天子赫然震怒欲振厲而懲艾之有日矣而
迄今郅支之首未懸於藁街頡利之頭莫
致於闕下果虜之強異於漢唐時耶抑分
閫將臣未得其謀也夫人臣之為國籌非
徒計効目前已耳凡時勢緩急地里險易

敵情變態利害得失一一若指諸掌中而
運之自我闔闢張弛卒歸於勝如韓信之
料項羽孔明之料孫曹充國之料羌人狄
青之料智高言出而酬毫髮不爽乃所謂
謀也今虜勢日張邊備單弱將無敢戰之
風士乏直前之氣喪師者失百而言一勝
敵者獲一而言百彌縫張大其為身謀得
矣如邊事何愚聞犬羊之性反覆無常避
之則易進易強逐之則易退易弱譬之避

入人室併力擊之庶有懲憚聽其入而不
敢與之抗雖日繕垣墉治扃鐍嚴警備而
彼之窺伺不已何者彼固有所利而亡害
之恤也今日之事何以異此然所以致此
者其來有漸其成有因而欲振而起之也
蓋亦有機特在一加之意而已所謂漸者
邊防積久而廢尺籍積久而耗法令積久
而弛也所謂因者扞圉之臣無事則擇便
利以自安有事則爭觀望以自免也振而

起之將柰何循流既濫當返其源趨極則
窮貴通其變返其源者復其所本有是故
後亭障實部伍明禁令俾地險可恃而軍
政修舉若
國初是已通其變者革其所當革孫子曰善
守者敵不知其所攻故城有所不守擇其
要焉耳
國家葺秦舊塞綿亘萬里列卒守之多置之
則不足寡置之則不禦徒日月暴露以疲

吾兵非計也夫蟻穴漏水則千丈之堤不固今將臣分地勢若同舟彼此不援甚於秦越此敗道也謂宜合諸分守之卒聚之要扼以時教閱一有虜警聯絡應援其後時者必誅無赦禦寡而力完兵聚而勢壯虜一遭創便可數年此使士卒不怠將士不獲遂其自私自利之法也若夫臨敵制變有難預言者在大將當自得之此兵家之勝不可先傳也雖然將亦難得矣弓鳥

雲飛鉤魚淵逝故干城之將不棄二卯奔
風之驥不廢蹄齧信之奇也以何亮之出
也以庶後將軍金城之議相贊之狄武襄
嶺南之捷藉成之我
聖天子拊髀思賢設科求將又歲
詔有司搜羅遺材士生其時以古人自待者
何幸焉顧愚非其人也謹對

論

五者知勝之道

馬中　箭

步下中　箭

同考試官員外郎胡　批　吾觀子自奇

士何但兵術馳騁孫吳至人辭亦近之矣

同考試官郎中毛　批　兵貴先知即

所謂多算勝也子能發明其旨與衍詳盡而

後以同心一體為常勝之本可謂得先知要

畧者矣高薦允宜

同考試官右給事中趙　批　辨博中疾徐
中矩殆猶馳騁於三軍之中而法度嚴整望
之者凜然不敢犯誰與子爲敵截首薦

同考試官都給事中邢　批　叙事整嚴措
詞高古中間點綴故事尤爲切當觀者如探
武庫見利器種種可長宜於多士最獨奪高
標也錄之

考試官侍讀王　批　文詞古雅博辨
知有制之兵操縱自如奇士奇士

考試官侍講學士王　批　文脫去俗氣雖

論尤奇取於經多士式以此

善兵者勝而後戰不善兵者戰而後求勝戰而後求勝則敵先之矣夫使敵得先之則危矣故勝不可不先知也夫兵者兩力相鬪兩技相角兩機相慿者也吾窺敵敵亦窺吾吾欲勝敵敵亦欲勝吾而吾何以必勝且吾與敵未合也力之盈怯未形也技之短長未嘗也機伏智祕而未洩也而

何以知勝機而知之十可得五技而知之十可得三力而知之十可一二吾且不敢必不敢必知與不知幾何吾所以知之非形之以力而知其盈怯也非嘗之以技而知其短長也非伐之以機而後知其有餘不足也敵以力吾弛其力爭於力之外者也敵以技吾舍其技較於技之上者也敵以機吾閉其機決於機之先者也吾操之敵不得窺之吾施之敵不得支之吾去之

敵不得從之吾十算而十勝十勝而十前知矣知勝之道有五雞犬之智也其將鬬也引而乖之側目而矙度能勝則陵之能抗則持之不敵則背之故能全其勝驕悍而疾遈不度而合則傷矣非善鬬者也夫兵亦然故孫子曰知可以與戰不可以與戰者勝廉頗之所以距秦李牧之所以完代而創匈奴也敵衆來吾亦以衆敵寡來吾亦以寡者鬬兵也以衆壓寡而不知所

以用衆以寡當衆而不知所以用寡者陷兵也故孫子曰識衆寡之用者勝王翦之破楚知用衆矣入人之國都而謀人非衆不可也而翦又堅壁超距而後用之謝玄之走苻堅善用寡者也半濟而乘之亂矣夫將視卒如愛子使卒亦視如父母吾欲甘心於敵士且亦欲甘心吾欲見功於敵士且亦欲見功然後可與之俱奮將欲之而士不欲址矣故孫子曰上下同欲者勝

吳起之士戰不旋踵愛之而同其欲者也田單之士涕泣欲出戰怒之而同其欲者也童子匿形叱咤壯夫失色却走非壯夫之不如童子也虞不虞異也是故虞兵一當不虞之兵十智將而不虞不若庸將之虞也故孫子曰以虞待不虞者勝趙奢之救閼與周亞夫之備西北用此道也古之王者遣將推其轂曰閫以外將軍制之將跪而謝曰君幸推轂於臣請得寬臣專命

之誅夫君非苟為尊臣而已也所以尊其權也臣非敢要其君也欲以便國事也故將利便緩急得趨焉故孫子曰將能而君不御者勝能而御之是縶騏驥之足而求其千里不可得也是故將受命之日不敢以痒入其軍君命有所不受君不御則詢其謀君欲御之則熟計而執之故李(諸守代之利趙王不奪范蠡計不釋吳(越聽命此五者吾以之自料又以之料敵獻

不知出於戰否之計者吾因之敵暗於叅
寡之用者吾反之將不同下甘苦者吾攜
之有所虞有所不虞者吾伺之將能而中
制者吾窮之是謂知彼知巳知彼知巳勝
乃百出吾戰勝不戰亦勝敵戰吾勝不戰
亦勝吾多勝寡亦勝敵多吾勝寡亦勝吾
完勝危亦可為勝進勝卻亦可為勝吾常
出敵之所不意敵常不得出吾之意遠可
籌之數年決之千里近可奪之呼吸收之

百歩之內由得其道也不知其道而戰是
以身嘗敵也將人國而不知勝是以國嘗
吾身也譬之庸醫不察脉不辨證不知吾
藥之能已病與否而以人嘗吾技也不傷
人者鮮矣雖然五勝之道有可常先為勝
者有不可常先為勝者可常先為者易覩
而不可常先為者難知也何者兵之勢有
三一曰天二曰地三曰人人有勞佚饑飽
格迫地有山林川澤險阻天有寒暑晝夜

風雨猝然而遇敵三者倏忽變於前而吾
戰否多寡虞不虞之情將無有失其成算
者乎是不可常先為勝者也法必變之而
後知勝焉故曰兵者水也水因地而制流
兵因敵而制變遺不變者上下一心君將
一體也是可常先為勝者也夫可常先為
勝者兵之至要也勝之本也

又

爲帝　備

步下中　備

同考試官員外郎胡　批　推切爲華造

思精深索情技勢要於之廿三篇而辭義辯辭矣

同考試官郎中毛　批　具意高古而

不失之迂辯語新奇而不病于聯讀而觀之

如聽金鼓之鏗鏘觀旗幟之燦爛也盛闕有

此可爲得人慶矣

同考試官右給事中趙　批　斷意的確辭

氣古雅讀之鏗然有金聲鐵騎聲他日撤讀

吾知子之有必勝矣敬服

同考試官都給事中邢　批　古雅之作刊

落落浮如蒼崖老獪不與群者競妍而能過

不可及武弁中乃有子耶高薦何忝

考試官侍讀王　批　詞簡而意足筆

力遒勁庶幾學爲人模者

考試官侍講學士王　批　立意措詞渾厚

精純集傑於武舉者

智者識兵之情於未然故能先計而後戰夫兵者兩設而互攻者也勝敗之機與敵共之所貴乎善用兵者非謂其慓悍驍騖以決一旦之勝也亦惟制勝於無形而定計於未戰耳然所以計之於先者夫豈神授鬼施索之冥漠哉豈私度寂念決之胷臆而得之影響哉夫亦善識乎兵之情而已矣情者敵與我均焉者也夫用兵之事壘壁相望變怪百出恍惚殊觀皆詭道也

惟情不容偽是故以之反觀而已可知以之觀人而彼可知也懸衡而稱之輕重弗爽焉而勝敗之情見矣是故善戰者非能自為勝也能知勝而已知勝者知其情也知其情者知其將也知其兵也知其將士之心攻守之備也知其君臣之權也五者敵與我均焉者也其端可見而常患於不可測者利害撓於中而形實眩於外耳形實眩於外則敵得以蔽我利害撓於中

則我不免於自敝矣是有自賢以輕敵之
將不可與戰而弗憚者有恃力以輕敵之
兵以寡當衆而弗支者有上下離心而主
將弗察者有備禦弗戒而敵人乘之者有
將能士勇當機立功而臨事掣肘者有一
於斯與敗同道者也惟夫上智之將獨見
於未然故能察之而知彼己之情策之而
知得失之計角之而知有餘不足之用是
故度德量力將之任也智均則謀力埒則

爭不敵則能避之所以自全也較之而審則勝矣強弱者勢也衆寡之用與敵低昂所以因勢而制權也用之而當則勝矣虛實者形也上下離心雖實為虛父子之寇人莫敢鬬積恩先施也是故以實擊虛者勝矣攻守者用也乘垣之盜人莫能守以其不虞也是故以有備攻無備者勝矣閫以外將軍制之苟利社稷專之可也外監者追中制者危是故許其便宜者勝矣夫

是數者皆夫人之所共見共知非天降而地出者也然而智謀之士固日繩繩焉揣摩而探索之若神奇變幻惟恐不能執之者何哉蓋兵者詭道也其致用則然耳若此者則不容詭者也不容詭者不可強為也此兵之至要也庸衆人所忽而智士之所交臂而謀者也是故火牛可攻施之樂毅則踈矣背水可戰用之廣武則擒矣夫人之志固相越也李信伐荆恃寡則敗秦

世討蒐盜兵乃克夫人之力固有限也金
齊雖悍不能撼岳飛忠孝之軍劍閣維險
不能拒鄧艾攻瑕之師人心有長城而地
險固不震也漢宣能假便宜於充國而後
先零可困罷籍不以文臣副狄青而後智
高可平此又存乎所遇而非將之得以自
任者也然則御將者可弗加之意乎雖然
為將之道亦惟盡其在我者而已矣在上
者吾何敢必焉吾惟謹於料人而詳於自

治毋昧敵而輕戰毋玩兵而僨師毋詹下
而自封毋恃計而忘備而吾之責塞矣吾
責既塞上御之不敢以疑也上不御之不
敢以縱也委身殉國有死無貳將之道也
故智士不違時以立功忠臣不遠嫌以盡
節此又將臣所當知

武舉錄後序

嘉靖乙丑秋九月會試武舉錄成將報
命於
上臣希烈以職事當序諸後臣惟
國家稽古定制並用文武以開
億萬年無疆之治文以科目

武以世胄世胄良列爵三等
下至千夫百夫之長咸世厥
官布列中外武臣之盛前古
所未有也然奇才異等猶有
限于門閥伏在草野無由以
自表見於是又置武舉之科
所以登儁拔尤為將儲也肇

自弘治之甲子迄于正德僅
四行之迨我
皇上紹
天繼統赫然建
中興之業思得文武全材以備驅
使首開文科即
詔武舉取士遂著為令蓋十四

舉于茲制加詳而額寖廣彬
彬乎與文科比隆諸士遭逢
熙運不啻幸矣臣以愚陋濫典
終試竊伏自慶謂得少藉以
報
主上尤臣之所大幸也臣自祇
命入闈夙夜慎怵以圖稱塞既偕

諸執事受冊而閱之則見諸
士所爲文揚搉今古言人人
殊類能敷藻攄臆抉奇料變
蒸蒸然豹蔚而驪驤也是惟
我
皇上壽考作人道化淪洽其所涵
育蓋深遠已昔周士以射御

實興始寓用武之意今茲校武不獨騎射而必繼以文是與文制固相表裏也顧所習武文則猶有未盡者蓋古者士純以德行其視決拾操皆藝也士於其時文武無弗習故不惟跡附先後奔奏

禦侮之臣同道相濟而兎宜
武夫且為公侯之腹心不惟
鷹揚之將翰忠翊運而虎賁
三千皆一心同德之士蓋其
學術明而心志正居為良臣
出為良將光王教化之漸習
非淺小也談兵家以孫吳為

權衡其書詭其寃使人懵悶而自眩多智而自擬蓋列國紛爭計必出此今以天下全盛之勢而問罪四夷宜堂堂正正正止矣奚詭之俟斛我

皇上

聖智首出

神武布昭
威靈燀赫震乎殊俗項者邊無
傳燧海不揚波稱極治矣而
伏鉞登壇之將帶甲控弦之
士布滿疆場豈少如孫吳者
哉猶進諸士而策之正欲得
夫鷹揚折衝之將拔而儲之

耳夫擇將至重也乃所挍士
以決拾操觚士有志者平居
豈不以古名將自期待顧所
自獻僅僅止此即所射策十
不失一而據以為得若人焉
臣不敢必也此又臣之所大
懼也雖然人臣效用于時所

可自盡者惟此一心耳書稱

有臣三千惟一心言虎賁之

心與鷹揚一也兎罝之士腹

心公侯亦此心也諸士既涵

育于

聖化學術素明茲懷負利器慷慨

以赴功名之會心志專一宜

不下古人誠自茲以往永矢
一心委身以報
國將畢志殫慮并氣積力可以
動天地撼山岳何醜虜足撻
耶此在諸士自盡而已誠盡
此心即所建立不敢望鷹揚
折衝之將於虎賁兔罝宜無

愧焉庶幾不負
朝廷設科求將至意而臣之懼
亦藉以少釋臣於諸士有相
成之義故申告以勉之
翰林院侍讀臣希烈謹序

陝西鄉試錄序

隆慶丁卯爲
聖天子御極之元年凡百度罔不
惟貞況賓興重典乎巡按監
察御史楊鈐以陝西爲文獻
舊邦益競競焉以事事先巡
按御史溫如玉馳幣聘邦彥

等至是以邦彥暨教諭方倣
賓司考試教授周紹稷郭廷
楨章汝顏教諭李時孚馬應
乾同考試提調則左布政使
栗永祿右參議吳椿監試則
按察使史直臣副使姜子羔
下至百執事皆遴選得人而

巡按御史房楠提學副使曾
省吾所校士共二千有奇又
皆通經術明世務者且廉其
行較往時蓋加慎矣於是三
試之拔其儁者六十有五人
並錄其文以
獻邦彥宜有序序曰賢才之在

古今豈異哉關中士人自古
多忠鯁其才稱磊犖奇偉不
可以尺度寸量故能隨世有
所建立大之左右贊襄以輔
皇王之業次之樹奇勛立大
節又次之爲古文詞載諸史
籍可睹也乃近世雖有抱負

如古人者多以文章名家而功業或不逮古此其故嘗疑之矣始邦彥應聘入關見車騎往來戈盾交錯其人率果敢剛勁又察其交際應酬踽踽稜稜語意合則稱同仇否則不掉頭顧矣嘆曰剛哉直

哉此非西土之風耶既閱諸
士所爲文章論禮樂王霸田
賦兵戎縱横馳騁要之在明
當世之務至於臧否人物揚
搉古今若别黑白分涇渭視
經生文士摛章繪句者不可
同日語矣又嘆曰異哉文也

此非所謂磊犖奇偉者耶民
風士習大都若此矣然而世
或殊趣爲文章修政事尚浮
靡而厭質朴貴渾含而略英
發西土士人獨以才氣自雄
不隨世移易安能有孚哉乃
知士無古今其功業有無在

所遭遇然也今
聖天子御極之初以
親賢爲急草野之臣在幾千里
外者皆起矣雖幾十年之遠
以過誤而擯弃者皆錄用矣
大小臣工章疏日數十上危
言激論在

廷之臣視之無不惴然竦慄亦
皆容之納之矣公卿大夫爭
承
德嚮風有言即吐見事即爲無所
顧慮三代而下有此際會乎
乃幸諸士有遇矣方今民生
風俗邊鄙何如也虜熾矣而

兵愈弱民窮矣而斂愈急文
彌矣而俗愈敝所以整頓維
持之其需於才者甚亟苟不
通經術明世務徇目前之見
忽遠大之圖欲求其效卒不
可得令諸士既曠覽周知又
本之以忠鯁不拔之性異日

秉笏垂紳分符仗鉞其建立
詎在古人下哉此非諸士所
自能爲也夫木之礰然堅挺
然直者有若松栢乎如欲營
清廟構明堂之棟楹梁桷必
使大匠求之矣使不營清廟
構明堂則甘置於穹崖邃谷

之間甚者惡其枝葉稀踈或析之以代炊夫一松栢也有時而棟楹梁桷有時而捐置炊爨用不用異也士人之剛大正直猶松栢然非遇今

聖天子錄踈遠之士用直諒之臣恐將有弃之者況功業哉故

曰君子不患弘業難遭時難
遭時非難遇君難謂諸士能
建立者以此假使諸士異日
得大用顧所建立不能如史
籍所云試以事則不通授以
政則不達少臨利害輒變其
常性亦庸衆人耳烏在如古

所稱磊犖奇偉耶諸士勉之
勿負
聖天子並有愧於西土士人之舊
矣是時總督軍務兵部左侍
郎兼右僉都御史霍冀修文
振武靖域奠邦巡撫陝西右
僉都御史楊巍作士和民寧

夏右僉都御史王崇古延綏
右僉都御史王遴甘肅右僉
都御史石茂華提督鄖陽右
僉都御史劉秉仁綏猷弘化
巡按監察御史李江趙睿兼
憲樹風前軍都督府寧晉伯
劉斌左軍都督府伏羌伯毛

懋尚寶司少卿陸師道户科左給事中王諫兵科右給事中曹當勉户部郎中湯仰蕭大亨刑部郎中樊垣行人司行人樊世緒並有事茲土樂觀厥成右布政使馮惟訥左叅政梁夢龍右叅政李琎左

參議劉一麟右參議甘茹副
使朱袗楊衍慶馮烨漁閻光
潛許東望楊錦紀公巡張蕙
周國卿張天馭僉事方岳郜
大經行太僕寺卿梁明翰少
卿劉時舉苑馬寺卿趙鉼少
卿周仕署都指揮僉事張光

大王宣馮陛防範於外遠邇

同心例得槩書焉

四川成都府儒學教授袁邦

彥謹序

隆慶元年陝西鄉試

監臨官

巡按陝西監察御史楊　鈐　荅寄直隷邢臺縣人 己未進士

提調官

陝西等處承宣布政使司左布政使栗永祿　惠學山西長治縣人 甲辰進士

陝西等處承宣布政使司右參議吳　椿　壽卿江西新建縣人 己未進士

監試官

陝西等處提刑按察司按察使史直臣　子忠順天府涿州人 丁未進士

陝西等處提刑按察司副使姜子羔　宗孝浙江餘姚縣人 癸丑進士

考試官

四川成都府儒學教授袁邦彥 廷俊雲南楚雄衛官籍江西廬陵縣人己酉貢士

河南衛輝府新鄉縣儒學教諭方攸賓 君穆福建莆田縣人乙卯貢士

同考試官

浙江寧波府儒學教授周紹稷 象賢雲南永昌衛人壬子貢士

河南河南府儒學教授郭廷楨 用卿直隸河間衛人丁酉貢士

山東東昌府儒學教授章汝顏 仲希浙江金華縣人癸卯貢士

浙江寧波府慈谿縣儒學教諭李時孚 中甫直隸崑山縣人癸卯貢士

四川眉州青神縣儒學教諭馬應乾 健卿雲南河西縣人甲子貢士

印卷官

陝西等處承宣布政使司經歷司經歷鍾　鎏　爾純山西澤州人監生

陝西等處提刑按察司經歷司經歷陳　範　汝奇河南唐縣人監生

收掌試卷官

慶陽府知府黃　墱　元登四川富順縣人丁未進士

漢中府知府范以作　用殷四川富順縣人丙辰進士

平涼府知府祁天敘　仲典山西蒲州人癸卯貢士

鞏昌府知府李　莛　仲清河南湯陰縣人甲午貢士

受卷官

西安府同知江中曉 廷之四川巴縣人丁酉貢士

平涼府同知李濮 伯清直隸濬縣人丙午貢士

鞏昌府秦州禮縣知縣望廷臣 孝忠湖廣夷陵州人壬子貢士

漢中府洋縣知縣盧可兆 成應四川崇慶州人癸卯貢士

漢中府紫陽縣知縣羅現 汝珍四川劒州人丙午貢士

漢中府南鄭縣知縣鍾萬殊 子一湖廣桃源縣人辛酉貢士

彌封官

臨洮府同知原森 茂卿山西榆次縣人甲午貢士

鳳翔府推官盛時選 以仁錦衣衛籍直隸吳縣人壬戌進士

西安府長安縣知縣蘇民牧 乃徯山西高平縣人乙丑進士

西安府咸寧縣知縣董汝漢 昭夫山西萬泉縣人乙丑進士

西安府盩厔縣知縣傅寵 君錫四川巴縣人乙丑進士

西安府興平縣知縣岳鍾英 子發湖廣江陵縣人壬子貢士

謄錄官

延安府推官沈應坤 厚甫山西猗氏縣人癸卯貢士

西安府同州知州傅希孟 再道山西蒲州人丙午貢士

鳳翔府隴州知州楊世卿 伯寅山西長子縣人丙午貢士

西安府渭南縣知縣崔廷試 大卿河南陳留縣人乙丑進士

西安府乾州永壽縣知縣崔　柄　謙甫山西石州人乙卯貢士

西安府高陵縣知縣傅起巖　子舉山東肥城縣人巳酉貢士

對讀官

西安府推官藍　偉　公儒河南鄧州人壬子貢士

漢中府推官李元頤　伯觀直隸完縣人己酉貢士

西安府華州知州李　鑛　德成山西高平縣人丙午貢士

西安府乾州知州賈　實　惟虛河南祥符縣人巳酉貢士

西安府三原縣知縣許　僩　文夫河南靈寶縣人乙丑進士

延安府清澗縣知縣阮　孝　仁叔湖廣麻城縣人辛酉貢士

巡綽官

西安後衛指揮使袁世威 宗振直隸金壇縣人

漢中衛指揮使王宷 近宸直隸滁州人

西安右護衛指揮同知陳圖 伯河直隸順義縣人

潼關衛指揮同知陶承學 希參直隸山陽縣人

搜檢官

西安後衛指揮使張文魁 士元河南祥符縣人

慶陽衛指揮使侯服遠 伯循直隸宿州人

寧羌衛指揮同知劉仟 千俊山東汶上縣人

鳳翔守禦千戶所正千戶管　旻　平夫直隸定遠縣人

供給官

陝西都指揮使司經歷司都事趙敬簡　允升山東[illegible]縣人丙午貢士

延安府葭州知州章　評　嘉言四川遂寧縣人甲午貢士

平涼府靜寧州知州朱　文　子純大寧都司茂山衛人丙午貢士

平涼府涇州知州范　岡　鳴鳳直隸永平縣人歲貢

平涼府固原州同知李　昱　應奎山西洪洞縣人監生

西安府涇陽縣知縣沈紹先　孝甫直隸安州人乙卯貢士

西安府鄠縣知縣王　瑋　子琳山西石州人乙[illegible]

西安府同州郃陽縣知縣李希松 汝操山西介休縣人辛丑進士

西安府華州判官李春 一元直隸南和縣人歲貢

西安前衛經歷司經歷尚評 體之山西陽曲縣人吏員

西安府經歷司知事楊君聘 子脩山東莘縣人吏員

西安府咸寧縣縣丞米登 有年山西文水縣人歲貢

西安府乾州永壽縣縣丞路騰漢 子沖山西長治縣人歲貢

西安府臨潼縣縣丞曹從質 尚氏直隸濬縣人監生

西安府渭南縣縣丞郗守道 子中山西潞州衛人監生

西安府三原縣主簿郜繹 思文山西澤州人歲貢

西安府同州郃陽縣主簿張舜愷 仲才直隸慶都縣人監生

西安府藍田縣典史李 寧 時靜山東德州人吏員

西安府同州白水縣典史成 盈 思謙河南臨穎縣人吏員

西安府鎮安縣典史趙 蕃 宗茂浙江會稽縣人吏員

鳳翔府鳳翔縣典史張承恩 子榮直隸新安縣人吏員

西安府京兆驛驛丞白 鳳 國瑞山西陽曲縣人承差

西安府乾州武功縣郃城驛驛丞杜 濟 澄之直隸雞澤縣人吏員

西安府興平縣白渠驛驛丞曹 珮 文燦直隸任丘縣人承差

第壹場

四書

夫仁者己欲立而立人己欲達而達人能近取譬可謂仁之方也已

發而皆中節謂之和

及其聞一善言見一善行若決江河沛然莫之能禦也

易

唯君子爲能通天下之志

彖曰萃聚也順以說剛中而應故聚也王假有廟致孝享也利見大人亨聚以正也用大牲吉利有攸往順天命也觀其所聚而天地萬物之情可見矣

夫易聖人之所以極深而研幾也唯深也故能通天下之志唯幾也故能成天下之務

兌正秋也萬物之所說也故曰說言乎兌

書

允迪厥德謨明弼諧

浮于積石至于龍門西河會于渭汭

自朝至于日中昃不遑暇食用咸和萬民

出入起居罔有不欽發號施令罔有不臧

詩

七月鳴鵙八月載績

菁菁者莪在彼中阿既見君子樂且有儀

菁菁者莪在彼中沚既見君子我心則

喜菁菁者莪在彼中陵既見君子錫我

百朋

不顯亦臨無射亦保

或來瞻女載筐及筥其饟伊黍

春秋

元年 隱公元年 夏公會宰周公齊侯宋子

衛侯鄭伯許男曹伯于葵丘 僖公九年

單伯至自齊 文公十有五年

夏齊侯衛侯胥命于蒲 桓公三年 秋八月

諸侯盟于首止 僖公五年 九月戊辰諸

侯盟于葵丘僖公九年公會晉侯宋公衛侯曹伯齊世子光莒子邾子滕子薛伯杞伯小邾子伐鄭會于蕭魚襄公十有一年

春齊人陳人曹人伐宋莊公十有四年齊人來歸鄆讙龜陰田定公十年

禮記

故聖人作則必以天地為本

大學始教皮弁祭菜示敬道也宵雅肄三

官其始也入學鼓篋孫其業也夏楚二
物收其威也未卜禘不視學游其志也
時觀而弗語存其心也幼者聽而弗問
學不躐等也此七者教之大倫也
紀綱既正天下大定天下大定然後正六
律和五聲弦歌詩頌
天地四方者男子之所有事也故必先有
志於其所有事然後敢用穀也

第貳場

論

天下國家之本在身

詔誥表內科一道

擬漢賜天下田租之半詔文帝二年

擬唐以褚遂良爲黃門侍郎誥貞觀十八

作

擬宋以蔡襄歐陽脩王素知諫院余靖爲

右正言謝表慶曆三年

判語五條

磨勘卷宗

荒蕪田地

禁止迎送

驛使稽程

私鑄銅錢

第叁場

策五道

問明君以務學爲急然尤莫要于嗣服之

初蓋培養善原權輿治理是故宜重之

也古稱懋德以殷高君臣爲盛而論學
者亦莫詳焉即說命所陳稽古遜志反
覆儆勉可指而述也然學固有要也今
不可繹其義與漢唐以來英君代出或
拜老臨雍或講經白虎史冊輒已避之
顧其學亦有得于說命之要否與爰及
于宋有輔以呂公著范祖禹輩之賢其
勤懇于務學之獻亦後世所聞見也以
十事進以鑒古圖進以唐書進以陸贄

奏議進今固可攷耳質之說命儆勉之
意將無同乎否與我
國家自
太祖高皇帝應
運肇興嘗於萬幾之暇與侍臣論易論書論
漢史宋史隨
幸輒講亹亹忘倦
貽謀燕翼迥軼千古
列聖相承

德學懋著凡夫垂之
彝訓如說命所陳務學之要異世同符矣欽惟
我
皇上以
神聖之資撫
盈成之運乃於
臨御之初首務
經筵聿修鉅典誠
嗣服之要圖也紹

天闡繹直將超殷宗而遠過之一時進講諸臣所以爲啓沃之助者必有取衷於典學之撰者矣不知呂范二賢所進亦有可採者與夫

帝王之學與韋布不同其大本大原固自有在也諸士首際

昌時忠愛之忱諒切于衷矣願詳著于篇以對

問體仁盡性心學之功大矣昔宋大儒程

子張子晤萃同時推衍道脉咸以理學
為百代絕學倡諸所論述姑無暇詳已
茲取其立言之大者如定性一書程子
之所以答張子者首言天地聖人之常
致戒於自私用智必求大公順應而終
之以聖人喜怒之正西銘一篇張子之
所以語程子者首言乾父坤母之道致
警於濟惡不才必求繼志述事而終之
以仁人順事之誠夫程子之學專於定

性張子之學主於求仁言若不相襲然而必有折衷之要也今繹其旨不知果有異歟抑可合而言之歟學者工夫只在於仁亦可以語定性歟極而言之內外兩忘神化合一皆聖人之能事也議者迺以西銘爲兼愛之流漫不可求而以定性爲作聖之功似乎有執何與夫張子固鄉之先哲也而程子仕鄠其遺澤尚有存者爾諸士私淑有年其會二

先生之教深矣試舉平日所體驗而有
得者爲我告焉
問古之論政者必本于仁義而捄弊之道
則濟之以寬猛是故太公治齊周公治
魯其風俗好惡後世彊弱皆可得而逆
知之仁義之效章章明矣而亦無捄於
弊何歟後之言治者不一乃謂有德者
能以寬服民其次莫如猛何以卒稱古
之遺愛有謂治世以大德不以小惠當

時較其治者竟以嚴歸之豈其其政亦各
有所本與受賂賜金似姑息矣論者何
謂其純任德教詰責治郡似彊察矣說
者何取其能識治體抑寬猛皆適於用
而無俟救弊之道與昔人謂周拘於惠
而不知權秦勇於威而不知本此審時
定策之說也至以威惠爲裁節天下彊
弱之勢其果然與否與又謂爲政當以
嚴爲本而以寬輔之此主斷行遜之說

也及謂仁不得義則不行其旨亦有合
與抑別有說與然仁義並用剛柔迭施
故忠敬異教各繫於時質文殊科俱致
於理譬之水火寒暑然殆同根於冥化
而共成夫歲功三代之治由此其選也
玆欲振民和衆以贊我
國家治化之盛抑可指而陳之與諸士行將
服官政矣是必有折衷者在也幸言之
毋讓

問關中古雍州域河岳孕靈英賢繼出其
間以學業鳴世者代有其人若躬耕莘
野而一德陳謨懋建阿衡之績垂釣磻
溪而丹書進戒丕成亮伐之勳是皆德
業並隆輝映千古無容議矣嗣是而後
學業殊途所得各異姑舉一二與諸士
評之有講業齊魯號稱良史材者有隱
讀商洛而著禮通論者有雅好儒學而
著典林二十三篇者有通明興廢而著

春秋集解者有善爲詩歌而羽翼風雅者有篇著指玄而集解釣潭者彬彬乎皆文學之選也不知于事業亦有可述與有持節匈奴而齧雪自誓者有初宰茂陵而豪强畏服者有待詔公車而治稱三異者有官居刺史而自畏四知者有將兵三千而遂取定襄者有議幸澶淵而氣奪契丹者炳炳乎皆事業之最也不知于學術亦有所得與夫學業合

一斯古人明體適用之全也諸士尚友動以古人自期矧前賢懿範有不追慕而酌其當者乎尚詳言之以占嚮往之的

問儒者以濟時為務今時事孔棘孰有過於虜患者乎議者曰備禦之道不出戰守二者而已稽之往牒躬率士師而獲匈奴王十餘人登臨瀚海而執訊七萬餘級決策深入則吐谷渾多所俘獲乘

虛取漠南地於河北且築三受降城絕
虜南寇之路此皆戰之善者也守北地
而匈奴遠避田金城而坐困先零或建
德順軍以絕蕭關鳴沙之道而元昊稱
臣或大順既城而白豹金湯皆不敢犯
此皆守之得者也其策亦有可行於
今日者乎抑二者之內又有所急而施為措
注固自有序也夫善攻者敵不知其所
守善守者敵不知其所攻邇年以來邊

塵未靖即如延寧各鎮逼鄰套虜乘間
竊發議戰則卒伍日虛苦於衆寡之不
敵議守則彼聚而攻我散而守浹日經
旬力且告詘矣頃者上塵
廟堂之慮拳拳以選將練兵設備足餉令條
議而振飭之夫是四者固戰守之所必
講也然審勢料敵規爲劑量亦自有幾
要存焉諸士目擊其患寧無奮請纓之
志出奇畫策摧輪而笞其背者乎願發

讜謨以裨安攘之略

中式舉人六十五名

第一名王繼祖　咸寧縣學生　詩
第二名甯仕亨　華州學生　書
第三名何遷　隴西縣學生　禮記
第四名王養氣　同州學生　易
第五名王毓陽　綏德州學增廣生　春秋
第六名李楨　安化縣學生　詩
第七名李茂　高陵縣學生　書

第八名任國相 綏德州學生 易

第九名郭登高 蒲城縣學生 詩

第十名魏雲霄 藍田縣學生 禮記

第十一名薛準 韓城縣學生 書

第十二名蔣若金 西安府學生 詩

第十三名楊士岊 真寧縣學生 易

第十四名郗應芳 淳化縣學生 書

第十五名潘騰龍 西安府學生 詩

第十六名李邦憲 隴州學生 春秋

第十七名胡　貢　西安府學生　易
第十八名梁　茂　三原縣學附學生　書
第十九名汪騰鯤　金州學生　詩
第二十名韓應期　潼關衛學生　易
第二十一名張世烈　延安府學生　詩
第二十二名王之命　蒲城縣學增廣生　書
第二十三名王元弼　涇陽縣學生　詩
第二十四名靳　賢　靜寧州學生　易
第二十五名唐　寀　慶陽府學生　詩

第二十六名李東芳　商州學生　書

第二十七名解古議　延安府學增廣生　詩

第二十八名李時擎　洋縣學生　易

第二十九名張西銘　隴西縣學增廣生　詩

第三十名喬因羽　耀州學生　書

第三十一名張樹德　綏德州學生　易

第三十二名朱孔陽　咸寧縣學生　詩

第三十三名黨　傑　城固縣學生　書

第三十四名靳希顏　保安縣學生　詩

第三十五名白璧　清澗縣學生　禮記

第三十六名趙攀鳳　秦州學生　易

第三十七名韓訥　鄠縣學生　詩

第三十八名陳思孝　鄠縣學增廣生　春秋

第三十九名丁文亨　寧夏衛學附學生　書

第四十名程愔　朝邑縣學生　詩

第四十一名閻鉉　綏德州儒士　易

第四十二名程子洛　鳳翔府學生　詩

第四十三名杜和春　鞏昌府學生　書

第四十四名李廷彥　寧夏衛學附學生　易
第四十五名杜　睦　城固縣學生　詩
第四十六名張　啓　華陰縣學生　書
第四十七名張應舉　咸陽縣學生　詩
第四十八名王道濟　固原州學生　書
第四十九名曹　文　咸寧縣監生　詩
第五十名王尚絅　朝邑縣學生　易
第五十一名王大夔　洋縣學增廣生　春秋
第五十二名雷鳴坤　南鄭縣學生　書

第五十三名郝守元　郃陽縣學增廣生　詩

第五十四名李　緊　蘭州學生　書

第五十五名張應舉　洋縣學附學生　易

第五十六名李脩吉　同州學附學生　春秋

第五十七名張　初　鄠縣儒士　詩

第五十八名馬　怡　同州學生　書

第五十九名劉士忠　華州學增廣生　禮記

第六十名祝多福　商州學生　書

第六十一名茶　湨　耀州學增廣生　詩

第六十二名王澤恩　慶陽府學生　易

第六十三名吳道泰　商州學生　詩

第六十四名馬化龍　寧遠縣監生　書

第六十五名曹　岡　三原縣學附學生　易

第壹場

四書

夫仁者己欲立而立人己欲達而達人能

近取譬可謂仁之方也已

王繼祖

同考試官教授郭　批　文達人此仁者萬物一體與天為一之心此作通篇以心字貫之而詞旨精確必求仁而有得者允宜高薦

考試官教諭方　批　體認明切

考試官教授袁　批　簡健不浮

聖人語賢者以仁者之心而因示以求仁於心也葢人之可自盡者心也知仁者之心則知所以進於仁矣奚必求之遠且難哉夫子所以教子貢也若曰天下無心外之道君子無心外之學子欲求仁其何以博施濟衆爲哉葢所謂仁者語其用固將冒乎天下而原其體則不出乎一心是故植其生而立焉已有是心也而即以立人雖未必盡人而立之而並育之懷則措天

下於安全之地斯已矣利其行而達焉己有是心也而卽以達人雖未必盡人而達之而兼善之念則舉斯世於明通之域斯已矣通天下爲一身而人己無間合萬物爲一體而內外兩忘斯固仁者之心而堯舜之聖惟此心爾未及乎此者當何如哉己立而立人未能也必取吾心之欲立者以譬之於人而推己及物務體其各足之情己達而達人未能也必推人心之欲達者以及之於我而隨事恕施務足其求通之願

則道擴於困心雖未能與仁爲一也而勝私之
下可馴至乎忘私之地矣理融於錫類雖未能
中心安仁也而充己之餘可漸造乎忘己之域
矣寧非爲仁之方矣乎是則仁人心也仁者純
此者也求仁者推此者也不此之務而必於博
施濟衆焉抑難矣雖然博施濟衆又豈可以他
求哉蓋能推是心則雖運之天下而有餘不推
是心則雖施之一人而不足故大學之論平天
下孟子之言保四海率於絜矩推恩致之噫君

子察於此而治天下之道思過半矣

發而皆中節謂之和

甯仕亨

同考試官教授章　批　場中作者類騁浮詞而說理處殊欠精切當是作發明和字典雅透徹可以觀所養矣

考試官教諭方　批　瑩潔清純

考試官教授袁　批　詞約而理盡

中庸著情之所以爲德以見道之不可離也蓋情根於性者也發皆中節而和所由名矣不可

以見道之用乎子思子言性情之德以明道不可離之意也蓋謂道原於性而顯於情喜怒哀樂情也方其未發則性也而謂之中矣乃若物交既接而因感以效其動者不失乎當可之宜客感既形而順應以通其故者悉合夫當然之則析而言之則各中其節也性術之變若有度焉以制之而無過不及矣合而言之則皆中其節也天眞之露若有式焉以維之而必得其正矣若此者寧不謂之和乎蓋矯其所發而未中

其節固不可以言和也任其所發而不知所節亦不可以言和也惟發皆中節焉則動止之下不拂乎人情而至和爲之洋溢時出之餘不乖乎天理而大順爲之流通其怡然理順者卽廓然太公者也而太和之氣夫固融浹於一心矣其藹然順適者卽湛然純一者也而吾心之用夫固妙合於陰陽矣不謂之和而何哉此固道之用也苟非慎獨其何以致和乎此道之所以不可離也要之和卽中也情卽性也無顯微無

内外合而一之者也故由中而應外制外以養中存養省察其機恒互相發者也善學者主敬以密其功研幾以防其間則篤恭不顯而天載之神合一而不測矣

及其聞一善言見一善行若決江河沛然莫之能禦也

王養氣

同考試官教諭馬　批　充暢秀拔而機軸不凡氣格雄渾至發揮又字處得聖人神應之妙非究心理學者不能取之不徒以

其文也

考試官教諭方　批　閑雅典則

考試官教授袁　批　理趣渾融非苟作者

大賢極狀聖人應善之速以見其不可及也蓋聖人之心萬善之會也一有所感而其應斯速矣茲其所以不可及與孟子造道而有得故形容之如此且夫聖人之居雖與天下相忘於迹而聖人之心則與天下相忘於善是故舜居深山固無以甚異於人矣乃若其心豈其然哉蓋

聖人之心一疵不存至虛者也虛故能通天下之感萬理畢照至明者也明故能燭天下之幾是惟無聞則已聞一善言則得於耳而通於心不知善之在人應之在我也是惟無見則已見一善行則觸於目而超於悟不知善之爲我我之爲善也萬理悉於咸虛之量以其淵然者酬天下而已不與焉譬則江河之決而就下之勢沛然其莫禦矣奚必思之而後得也哉衆善會於淵默之衷以其澄然者應天下而已不勞焉

猶之決彼江河而赴海之機不疾而自速矣奚必慮之而後通也哉要之未感之先理非本無也寂然不動一江河之渾淪而已矣有感之際理非始有也感而遂通一江河之充溢而已矣甚矣大舜之心之神也以法天下以傳後世豈特異於深山之野人已哉抑因是而有疑焉濬哲文明大舜之智萬古莫京矣而尤好問好察見善如不及焉何居蓋江河之所以爲百谷王者以善下也聖人以善下天下則天下之善皆

歸焉而廣仁益智正所以成其大耳故大舜有
大焉善與人同如學者亦若舜之善下也則其
善亦大矣

易

惟君子爲能通天下之志

王養氣

同考試官教諭馬　批通篇詞意典雅理致精到且能削

去浮華歸之冲淡蓋深於易學者三秦之彥如子恐不多得允宜

高薦

考試官教諭方　批　簡當無一贅語

考試官教授袁　批　潔淨

必正而後同可以觀利貞之義矣甚矣人心本各正者也自非君子之正烏能同於天下乎同人利貞蓋以此也夫子傳象之意謂夫文明以健中正而應卦之德體具君子之正道者也即是而同人所利者不可見乎蓋人心有定理正之謂也人心有定向志之謂也茲惟君子正也察幾于謟瀆之間而致其決既不失己矣即能

不失乎人擇合于上下之際而定其交旣不違心矣卽能不違乎物天下至大一正足以感觸之君子固無容心而明與健衆心之所自孚也天下至衆一正足以聯屬之君子固無容情而中與正羣情之所自合也通此于野以性分非以勢分可要之永久也其亨也有以哉通此涉川以義合非以利合可期于有成也其利也有以哉文王戒同人之占曰利君子貞其義居可見矣吁不正而欲其同者豈理哉雖然君子正

以通天下之志則自外于正者宜不足較矣九五之詞乃必用大師克相遇者何耶蓋王者大一統故七旬格有苗三年伐鬼方聖王之所不容已也若夫有所不同遂與世相忘是一節之士所爲非以語聖王之治也此上九之同人于郊而志未得與

夫易聖人之所以極深而研幾也唯深也故能通天下之志唯幾也故能成天下之務

任國相

同考試官教諭馬　批　意精詞確格正氣雄發明殆盡不當以尋常文字例觀也蓋亦極深研幾而有得者耶

健美健美

考試官教諭方　批　意義精求

考試官教授袁　批　認理真切

惟易理闡于聖人斯易用周于天下夫聖人作易所以前民用也故易作而天下不能外矣大傳論易具聖道至此蓋曰易之辭占至精象變

至變是固易道之神矣而謂爲聖人之道何哉亦以辭占非自精也聖人出其心之精以極深焉係之于詞決之于占其吉凶悔吝隱于深而莫測者無不推極之也象變非自變也聖人出其心之變以研幾焉成之以文定之以象其陰陽老少萌于幾而未著者無不研窮之也夫深也幾也大易之理而極之研之聖人之功是易非聖人不能作也而豈無用于天下乎蓋易爲聖人之極深則深在易矣惟深也故人皆由辭

占以審趨避之方以言以卜筮無復疑于心者志不其通乎而要其所由通聖心之精通之也易爲聖人之研幾則幾在易矣惟幾也人皆由象變以定取舍之極以動以制器無復迷于行者務不其成乎而本其所由成聖心之變成之也吁有聖人之作易而後有天下之用易此所以易有聖人之道乎雖然易非聖人不能作亦非聖人不能用故曰知進退存亡而不失其正其惟聖人乎蓋其作也洗心退藏其用也齋

戒神明非徒索之卦爻象數而已此民之所以日用其道而寡過於天下者皆其賜耳彼太玄擬易是一己之志未通而務未成又何有于天下也

書

允迪厥德謨明弼諧

甯仕亨

同考試官教授章　批　謨明諧二字異曉透徹陳善閉邪之意藹然見於言外是有忠君之風抱者他日精白承休端有望於

子矣

考試官教諭方　批　詞旨明切宛見虞廷氣象必積學之士也錄之

考試官教授袁　批　明淨

大臣啓聖君誠於修德而臣斯効忠矣盖忠者臣之分也君德誠修矣謨弼之忠非臣之樂効者與臯陶陳謨之意謂夫人臣幸際明時孰不欲盡言於君而或有未然者必其無以感之耳誠知君德乃儀刑之本爲君者所當允迪也本

成性之懿以見之實踐不事夫文爲之末由賦
予之良以措諸躬行務極其體驗之眞迪此德
於心也則幾微必愼肫肫乎一至誠之貫徹焉
迪此德於身也則率履罔愆慥慥乎一無妄之
流通焉君之允迪厥德如此爲之臣者寧忍負
之耶吾知陳謨者臣之志也而君之誠有以孚
其志則無復以盡言爲難者於是體虛受之量
秉精白之忱凡上有裨於君下有裨於民者皆
入告焉蓋不徒曰謨而謨且明矣謨明而君之

德不其益光也哉弼直者臣之心也而君之誠有以協其心則無復以讜論為諱者於是感容納之休効匡救之義凡剛柔以相濟可否以相成者皆自獻焉蓋不徒曰弼而弼且諧矣弼諧而君之德不其益純也哉是則迪德者君也其機通於臣効忠者臣也其本係於君帝也盍亦思所以為進言之地矣乎抑論有虞之時兢兢業業舜既迪德於上矣都俞吁咈臣既謨弼於下矣皋陶猶以此為言者何哉蓋憂治世而危

明主者大臣之用心也卒之君臣協德底天地於平成萬世而下尤可想見其協恭之盛焉吁是不可以觀皐陶之忠愛與

出入起居罔有不欽發號施令罔有不臧

李茂

同考試官教授章　批　舂容之氣秀穎之詞沉鬱之思雋永之味而結處尤亹亹不窮經義之極粹者取冠多士宜矣

考試官教諭方　批　約而該

考試官教授袁　批　簡明疏暢誦之爽然

觀先王言動之盡善皆近臣輔德之功也蓋君德有資於臣也先王言動皆善其德盛矣孰非得於近臣之承弼乎穆王舉此以求助伯冏若曰人君之立極也在德人君之成德也在臣昔文武以聰明齊聖之資而且得近臣之助其德果何如哉今夫人君之出入起居將以表正萬邦也此而不欽則非所以率民矣文武惟其有得於臣之助也則見順天理以時措而莊敬之

日強者凜乎天監之在茲奉帝則以周旋而無逸之作所者儼然上帝之臨女敬止之德合動靜而一致敬勝之功貫久暫而勿忘文武之行不同而其罔有不欽者則一而已矣此其行之所以世爲天下法皦人君之發號施令將以申命四方也此而不臧則不足以道民矣文武惟其有得于臣之助也則敷言有本而綸綍之所宣者有以爲定保之徵議法以身而渙汗之所頒者足以著典常之訓播之朝廷之上而百官

受成宣之邦國之間而庶人不議文武之言不
同而其罔有不臧者則一而巳矣此其言之所
以世爲天下則歟夫以文武之聖言動之善不
自善也而猶必賴臣以成其德如此則我之不
及文武何如也而能不資臣之助耶汝伯冏當
知率屬匡辟之道矣雖然輔相固在於臣而修
德則在於君有文武之君而後左右者有成能
故言動之善雖有賴於近臣而緝熙執競不動
而敬不言而信尤其本源者也故君天下者不

當擬文武言動之迹而求文武主敬之心焉可也

詩

菁菁者莪在彼中阿既見君子樂且有儀菁菁者莪在彼中沚既見君子我心則喜菁菁者莪在彼中陵既見君子錫我百朋

王繼祖

同考試官教授郭　批　長[illegible]之意此作善能發

之而一結尤歸重養賢當時樂育之盛槩可想見矣

考試官教諭方　批　詞意清婉

考試官教授袁　批　雅暢可誦

王者燕賓必屢與其既見之情焉夫好賢者人君之盛節也周王見賢而悅之罔弗至焉是宜賢者樂為之用與此燕飲賓客之詩蓋謂國家之求賢也其望之也甚殷故人君之得賢也其悅之也甚至我於君子何如哉彼菁菁者莪在彼中阿夫物之彙生也固極其盛矣況君子之

彙進有以鳴國家之盛者龍光之德載輸於晉
接而喜起之情遂洽於獻酬上下交孚既有情
以相與也繁縟備至且有儀以相待焉誠一時
之嘉會矣敢曰私惠云乎哉菁莪之生也匪惟
中阿抑在於沚焉蓋君子不可以虛拘其相與
也貴以心耳今幸而見之則腹心之誼既深喜
其志之攸同而中心好之自莫已于至情之發
矣以是心而將以多儀豈恭敬而無實耶菁莪
之生也匪惟中沚抑在於陵焉蓋賢者席珍以

待用其自負也亦甚重耳今幸而見之則圭璋之猷既深慶其道之相濟而惟善爲寶誠有若百朋之錫矣以是人而錫以多儀豈好德之容已耶吁隆之以儀則待之厚矣好之以心則愛之篤矣方之以百朋則慶之深矣若周王者非所謂悅賢有道者乎此所以上下交而爲泰也抑于是而知先王樂育之化未嘗不急於人材也既有學校禮樂以養之又有燕饗誠敬以將之是以賢者服習而心諭忠藎之忱自不容已

於報禮之重也周道熙隆景祚長盛不有由哉

說者謂樸棫之化爲菁莪所自出詎不信夫

不顯亦臨無射亦保

李楨

同考試官教授郭　批　文王之心與天無間而亦臨亦保

[illegible]　正聖學自然不已處是作者體認深切非淺學可到

考試官教諭方　批　思致渾醇

考試官教授袁　批　說理之文

詩人兩咏聖心之無間可以觀純德矣夫有間

之心未可語純也曾謂文德之純而容有一之或間哉此亦歌文王之德也蓋謂德莫備於聖人而聖莫純於文德以予觀於文王豈惟和敬之蘊各極其至已哉彼人情恒脩于顯將以其有所臨也然不能不肆於獨則臨之之心猶有間耳惟我文王以翼翼之小心爲上帝之昭事顯固臨也而不顯亦常若有所臨焉一物未交而齋戒于獨儼上帝之臨女也一念未起而退藏于密凜神明之昭鑒也蓋聖人之心合顯微

於無間故純天之德與造化而同游殆有其機愈寂其體愈嚴初不自知其爲臨者矣豈以莫予云覯而顧有所忽耶夫德未造於無射將必有事於保也然不能不失於終則保之之心猶有間耳惟我文王以亹亹之眞幾切望道之未見德固無射也而此心亦常有所守焉知識弗庸帝則已默順矣而時保之猶嚴也物欲弗徇道岸已先登矣而操存之匪懈也蓋聖人之心貫始終於無間故純德之貞常有事而勿忘殆

有養之愈盛守之愈精初不自知其爲保者矣豈以造位天德而顧有所息耶吁文之德其可謂至德也已抑易象曰天行健君子以自強不息聖人之心與天無間固無俟於臨與保者蓋文德不可名而心學之精固自有不息者在也此穆穆之敬一本之緝熙而論純德者必極于不已之命焉是故不顯之光無斁之化所由成也詩人陳祖德乃歸諸亦臨亦保之心其深知聖學之要者與

春秋

元年 隱公元年

夏公會宰周公齊侯宋子衛侯鄭伯許男曹伯于葵丘 僖公九年

王毓陽

同考試官教授周 批 以體元調元發君相之道整潔精當無一字空設場中諸作如此篇者蓋未之見也故首錄之

考試官教諭方 批 謹嚴詳盡

考試官教授袁 批 脩詞雅健

春秋於君相以體元調元望之焉蓋元者天之
道也君相各盡其道憲天之治成矣其聖人紀
元之意乎且天生民而立之君所以體天道也
君得相而弘其化所以賛天工也吾嘗於元年
之紀葵丘之會見聖人望君相之情矣蓋以乾
元曰始坤元曰生天地之用也人君上承乎天
則當以天心爲心而憲天出治其容已乎必體
仁長人懋建惟皇之極由心達政獨覩萬化之
原如天之覆如地之載焉則一元之用君實體

之矣否則天之所望於君者何如耶是故舜紀元日商稱元祀曰道心曰宅心此萬世不易之君道而求端於天者也經於魯隱而述以紀年所以示體元者至矣若夫以統乾元以承坤元人君之用也宰相上佐乎君則當以君心爲心而輔天弘化其容已乎必積誠感動聿宣燮理之猷竭力匡持懋著寅亮之業事之如天事之如地焉則一元之用相實調之矣否則君之所望於相者何如耶是故禹宅百揆周公位冢宰

曰祇承曰篤棐此萬世不易之臣道而惟盡乎心者也經於宰孔而係之以公所以示調元者至矣是則元之爲義大矣哉首明於隱公繼著於宰孔發贊之道於此乎備矣抑天下之治本於心君德之成存乎相古帝王之治由此其選也人臣惟竭沃心之誠使人君務正心之學而體元調元之交盡則天人一理君相一心而春秋之義行矣

春齊人陳人曹人伐宋莊公十有四年齊

人來歸鄆讙龜陰田 定公十年

李邦憲

同考試官教授周 批 莊重典則體格不凡而聖人俄頃之化包括得旨是讀春秋而有得於心者即管晏復作亦當心服矣誦之所以爲之斂衽

考試官教諭方 批 切當得旨

考試官教授袁 批 詞嚴義正筆采煥發

觀二大夫之賢於伯業君德之成見矣此桓之伯以管仲景之顯以晏子賢臣之有益於國也

如此夫昔齊桓圖伯管仲相焉三師伐宋討背
會也君子謂其以君霸者何耶蓋伯主莫大乎
匡夫天下而翊贊其業者所賴於賢大夫也自
北杏會而桓之霸肇矣使無人焉以輔之霸業
其隳乎所幸仲也教之以內政焉軍令之申充
戒乎滅譚之暴師將之制首戰乎伐宋之兵民
賦省而邦本固外強由之以權抑矣是雖齊桓
之資暗合於王者休養之政而管仲贊君之業
不可少也不然何以光一匡之烈哉春秋書之

管仲之賢昭矣若齊景在會晏子相焉三田歸魯悔無禮也君子謂其以君顯者何耶蓋諸侯莫大乎顯於天下而將順其美者所望於賢大夫也自夾谷會而景之悔深矣使無人焉以導之君德其闕乎所幸嬰也牖之以古道焉夷俗之非相警於視歸之後君子之質載啓於謝過之俆裔俘止而侵地歸内好因之以維新矣是雖齊景之良有感於聖人順理之化而晏子顯君之名不可誣也不然何以耀二國之好哉春

秋書之晏子之賢見矣吁齊一也管仲相而霸業成晏子相而君德顯要皆術同而功烈因之者乎抑鮑叔請高國推齊之所以興也短疏易牙非矣封沮尼谿可謂智乎噫夫子一言而齊君臣服焉俄頃之功化神矣君子觀管晏之業未嘗不思變齊之治也

禮記

紀綱既正天下大定天下大定然後正六律和五聲弦歌詩頌

何遷

同考試官教諭李　批　發明和序之理有逸思有勁辭有奇氣而結復歸之於心是深得聖人制作之意者本房首薦無以易子

考試官教諭方　批　筆力高古骨肉灑然

考試官教授袁　批　蒼鬱之光

賢者原古樂之所由作欲時君知所尚也蓋物得其理而後和也觀先王治定而古樂興焉夫豈無因而强作者哉昔子夏因魏文侯問樂而

告之及此意謂禮樂妙相成之功制作有先後
之序欲知古樂之不同于新聲者盍觀其所由
作者乎彼聖人秉大當之時嘗作爲紀綱之敎
矣將見聯之以至情而彝倫之攸敘者上下各
止其所秩之以大分而人紀之肇修者尊卑咸
得其序而紀綱于是乎既正矣由是禮敎達而
民志定天下咸納于範圍軌物端而風俗同舉
世悉歸於皇極天下不于是而大定乎斯則人
情不乖已成夫順氣之象而物理各得自妙夫

無聲之和禮序而樂可作也夫然後酌元聲以
正律而旋相爲宮百度得數而有常也比六律
以和聲而迭相爲經五色成文而不紊也樂之
倫要其舉之矣被詩頌于弦假諸器以導和也
而至德之光以奮宣詩頌于歌貴人聲以達蘊
也而性術之妙斯形樂之節度其飾之矣則先
王之作樂也夫豈無本而僞爲者耶是知禮也
者序也樂也者和也和生于序則禮先于樂也
明矣彼聽古樂惟恐臥者夫豈識制作之本者

乎抑禮先于樂固矣然未制禮之先又何所始也亦曰忠信者主之也故曰薄於德於禮虛無本不立文具何爲此綿蕞集議竟無補于制作之紛紛也要之無聲之樂和之至也無體之禮序之至也不聞性與天道而能制禮作樂者未矣故求禮樂者尤求之于心始得

天地四方者男子之所有事也故必先有志於其所有事然後敢用穀也

魏雲霄

同考試官教諭李　批　格高筆健思遠句工起結相
承迴興請作而先事後叙闡明殆盡他日立朝必不負
所學矣

考試官教諭方　批　遒勁超特直趨上乘

考試官教授袁　批　思精辭健天趣不凡

君子身任天下之重故不敢急於身圖也夫天下之事莫非分內也吾事之未盡則吾有愧焉耳矣而何暇爲祿之圖乎男子始生而先射後食者義蓋如此今夫天生物而厚於人天生人

而厚於男子男子之生也而豈徒哉大而天地
則乾父坤母之道存焉而所以彌綸參贊者乃
其身之所有事也遠而四方則民胞物與之義
繫焉而所以財成輔相者乃其責之不容辭也
以一身而處天地之中則必以一身負綱常之
重仰而觀之俯而察之有相之道存乎我矣以
一身而處四方之內則必以一身膺斯世之責
爲之正德爲之厚生一夫不獲皆予辜矣故事
所以得乎穀者也而義在所先穀所以稱乎事

者也而義在所後是以君子之仕也必盡職盡忠無愧於天地之間矣而後祿以報功者始受於敬事之餘必于蕃于宣不失乎四方之望矣而後祿以養廉者始承於熙載之日為上為德斯上之所錫者為可受也不然則靖共之義方匪懈也而遑恤其私乎為下為民斯下之所供者為匪浮也不然則宣力之勞方未暇也而遑受其直乎噫此君子所以必明於先後之辨也男子始生先射而後食者教固以預定之矣嗟

夫大人者不失赤子之心者也人之始生固必以天地四方自期及其壯而仕也乃至自私自利而惟祿之圖甚者瘠民以自豐而於始生之教蔑如焉斯視匹夫匹婦不被其澤若己推而內之溝中者何相萬也故有志於人臣之義者必志伊尹之所志而後可

第貳場

論

天下國家之本在身

王繼祖

同考試官教諭馬　批　文有體要而理趣悠長無一套語
蓋造詣已到精處錄之可以端士習矣

同考試官教授郭　批　此題作者類多汎浮未得肯綮
能以古雅之辭發雋永之趣而關閩淵源自中矩度必邃於理學者

考試官教諭方　批　體裁高古詞氣沖融可取

考試官教授袁　批　理到之言自別而結歸重於尊賢
猶得本意錄之以式

天之立君非徒寵異之而已固將以天下國家

之重託之乎其身人君舉所託之至重以其身
荷之而求以克當乎天心此豈可役役焉馳騖
于家國天下哉外其身而馳騖于家國天下其
求愈遠其功愈難而其失也愈甚天之立君而
付託之者其意不如此也故天下國家之本在
身呂氏明九經之敘如此且夫君身一身也家
國天下至大也宜其跡紛綸寥廓不相聯絡不
相關涉矣而何謂其爲本耶蓋君之身非君之
身天下國家之身也君身元氣也天下國家猶

耳目口鼻四肢百骸皆元氣之周流貫徹而合之以成其身者也身不修則天下國家必有壅塞橫決偏而不舉之處元氣不固則耳目口鼻四肢百骸必多疲癃痿痺而不相爲用此其理甚彰明較著者也故文武之政布在方冊天下國家之跡也人存政舉言修身也思修身不可以不知天言天之立君所託至重也今夫身之于家其爲諸父昆弟不一也而誰其親之家之于國其爲大臣爲羣臣爲庶民百工不一也而

誰其敬之體之子之來之國之於天下其爲遠
人爲諸侯不一也而誰其柔之懷之若是者不
本諸君身而安所本哉夫惟身爲本則修之不
容以已也故有親義序別信之五達道焉必身
以道之有知仁勇之三達德焉必身以德之有
所以行者之一誠焉必身以誠之是誠也兼總
乎道德而默成乎其身所以培植滋息乎其本
者也故學問思辨篤行其功也齋明盛服非禮
不動其要也豫則立而不跲不困不疚不窮者

其驗也蓋如是而後能盡人道以合天道故以觀于家而諸父昆弟不怨矣以觀于國而大臣羣臣各効其職百姓勸而財用足矣以觀於天下而四方歸天下畏矣何則身誠修而天下國家罔弗就吾之條理元氣誠固而耳目口鼻四肢百骸無邪氣以姦其間而罔弗豁然以通此其至博而約至繁而簡至遠而近天之立君託以天下國家之重而望之克當厥心者固如此乎然而盡此者莫若文武焉故誕受天命非文

王乎刑于之化御及家邦怙冒西土肇造區夏其政則然而非其本也祇承上帝非武王乎內而宮壼近而朝廷圻輔迄于五服四夷而綱紀畢張其政則然而非其本也詩曰穆穆文王於緝熙敬止敬者文王之誠身以端本也又曰成王之孚下土之式孚者武王之誠身以端本也故曰昊天有成命二后受之此之謂也是故本關雎麟趾之意以行周官之法度若握之樞焉而闔闢變化惟所運之若括之機焉而張弛操

縱惟所命之文武閘周家有道之長者誠身之
外寧有他道乎夫子將述九經而必先稱文武
意在斯矣乃今博觀中庸之旨亦何者不本于
君身之誠彼天命爲性而率之爲道修之爲教
非誠身之君孰率而修之致中和而天地位萬
物育非誠身之君孰致而位育之由之博厚高
明悠久者君身之誠所積也由之考三王建天
地質鬼神俟後聖者君身之誠所通也由之篤
恭以合天載之神君身之誠所極也故文王無

憂惟誠身故無憂武王纘太王王季文王之緒惟誠身故不替厥緒文武而前大知大孝則舜也文武而後祖述憲章上律下襲則仲尼也惟誠身故能大能一以貫之然則修身以誠而爲天下國家之本豈非上天降命之精意千聖相傳之至要至要者歟雖然誠以修身固矣使無賢臣以爲輔雖欲誠身得乎故元首明哉股肱良哉此其相須以固元氣而共成其身於天下國家者也故曰濟濟多士文王以寧寧此身也

又曰桓桓武王保有厥士保此身也文武之政人存政舉者非合君與臣而言之者乎不然無日月風雷天不能以獨神無左右承弼君不能以獨行所貴乎聖君者法天道先誠身以爲尊賢之本耳故齋明盛服非禮不動所以修身而尊賢也有其地去讒遠色賤貨而貴德所以尊賢而非誠身者不能此又夫子以尊賢次修身之本意也噫非憲天之君其孰足以語此

同前

何遷

同考試官教諭李　批　學蘊宏深筆鋒勁健而雄詞傑思變化百出是能韻歐蘇而鎔化之者不特時文之粹已也宜冠多士

同考試官教授章　批　通篇只在本字上發揮而體格正大詞氣渾融猶之長江巨川奔放千里而不驚可以占夙蘊矣

考試官教諭方　批　闔闢變化自出機軸非初學可到

考試官教授袁　批　精采溢發論義中之傑出者

聖人之治天下其所以先於自治而不敢以逸

圖者誠見夫理之係於我也夫以天下之大而其理恒係於我也則聖人之治亦不必求治於天下以齊其萬有不齊之情而所以爲感化之本者誠不容以自諉也故其自治常切而治人之道則姑緩焉以圖之其切於自治者非以好勞也其緩於治人者非聖人之忘情於天下也倡之而後應率之而始從其理在我而不在天下故不以天下治天下而以吾身治天下卒之天下之大皆取則於吾一人之身而無有自外

於聖人之治者然後知聖人之治得其道而慮天下之遠也夫子論九經而首曰修身宋儒呂氏以天下國家之本在身發之其有以識此矣今夫聖人之治天下豈不欲家喻戶曉盡夫人而面命之以遂吾愛天下之心哉而天下之人若是其衆天下之事紛然雜出以取足於吾一人之治者若是其不一也推之爲尊賢而大小强弱三德九德之倫異等矣推之爲親親而長幼尊卑諸父昆弟小宗大宗之屬異序矣推之

以及朝廷而敬大臣體羣臣異禮矣推之以及其國而庶民百工休戚聚散有無貿遷之制異政矣推之以及九夷八蠻之在荒服之外和味宜服利用備器寄象鞮譯之法異化矣推之以及九州方伯連帥以及附庸若是其分封之異域矣而聖人者以一人之身而處乎天下國家之上以求通乎萬有不齊之情將任術以裁天下而天下之智以詐愚者吾弗能革也將任法以繩天下而天下之勇以苦怯者吾弗能制也

將墮體黜聰清淨無爲以俟天下之自化而天下日貿貿焉以趨於蕩情滅性之域吾弗能挽而歸之正也天下之望治日切而夫人之去治日甚聖人於此蓋有大不得已者矣於是反而思之以爲天下雖大而其理則係於吾身有諸已而求之疾於賞矣無諸已而非之疾於刑矣動諸已而風之疾於令矣是故其等雖異而求照於我者無弗同也其序雖異而求睦於我者無弗同也其禮雖異而求秩於我者無弗同也

其政雖異而求軌於我者無弗同也其化雖異而求賓穆於我者無弗同也其封域雖異而求考禮正刑以承式於我者無弗同也表之而必端樹之而必象不從吾政而從吾心不範吾法而範吾德此其感化之機觀法之要雖吾無以使之而天下亦不知其孰使之者則信乎理之係於身而不可以他求也信乎此身爲天下國家之本而不容不自植以爲天下先也故凡所以執其經常不易之法以治乎天下國家者不

求之末而求之本不求之物而求之身不求之法制禁令以强天下之必吾治而所以自治以治人者恒汲汲焉慎圖而敬脩之曰其本在是吾將植吾本之不暇而何暇爲外之騖耶是故齋戒神明養其本也龍袞球玉端其本也周旋裼襲莊敬恭慎正其本也未已也體之知仁勇以脩本之德也覆之親義序別信以弘本之道也勉之好學力行知恥以裕本之學也求之明善誠身倍之學問思辨弗篤弗措以密本之功

也自其深宮大庭之內以達之蒞民行政之時自其起居食息之微以達之發號施令之際誠知夫本之所在宜有所重以率天下而不敢以其奔走服役乎我者一失其自脩自治之心此固非聖人之工於自為而忽於天下國家者之為也聖人以為身為天下之身必脩其身而後可以治天下則吾不容倒行而逆施之以重拂天下之望而失夫天所以立君之心故兢兢焉惟恐其身一置於有過之地者誠審夫非是不

足以率天下由是表儀樹而感化神執物端而則象速由身以及家也則機乎於家人諸父以親昆弟以和而九族睦矣由家以及朝廷也則機乎於朝廷大臣法小臣廉官職相序君臣相正而天工亮矣由朝廷以達於國也則機乎於國人仁讓以興百姓以勸百工以成而庶績凝矣又由之以達於天下則諸侯以禮相與大夫以法相守士以信相考四夷咸賓八蠻通貢而大順著矣脩之於身也若不見其運用指顧之

勞而措之於天下也則自得夫潛孚默化之妙守之至約而甚博執之至要而甚徧取之至近而甚遠是所謂中和致而位育成化者也是所謂道本諸身而天下寡過者也是所謂溥博淵泉聲名洋溢而莫不尊親者也是所謂不顯惟德百辟其刑者也甚矣聖人之治天下其所以切於自治者乃其所以詳於治人而端本澄源之道信為經常不易之法是之為經是則萬世之所以為式者也然聖人之心則固未嘗求盡

乎此以責效於彼而天德王道推無不準動無
不化亦其自然而然耳而聖人則何冀乎天下
之我治也堯舜之治天下豈復有能過之者而
精一執中之訓且拳拳焉而祗台聖敬緝熙執
競之學數聖人者皆守其道而莫之易嗟乎彼
聖人而猶若是也有天下國家之責者其亦可
以深長思矣

表

擬宋以蔡襄歐陽脩王素知諫院余靖爲

右正言謝表 慶曆三年

李楨

同考試官教授章 批 學識閎深詞藻騈麗而當時君臣納諫獻忠之意藹然溢於言外恐宋表中亦未多得也錄以式

同考試官教授周 批 溫而莊典而麗四六之佳者

考試官教諭方 批 精練和雅讀之爛然

考試官教授袁 批 事覈而贍詞整而蔚得人臣陳謝之體

慶曆三年某月某日伏蒙

聖恩以臣襄臣脩臣素知諫院臣靖爲右正言

者伏以

清朝獻納共沾

典命之新

明主敷求畢采芻蕘之舊濫

寵光於華省拜

優渥於

彤廷

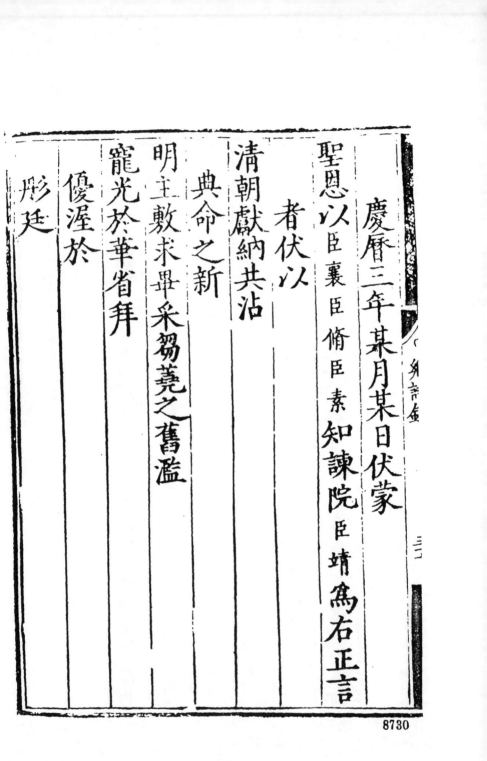

龍德方升仰
聖人之在位鴻逵並漸幸君子之同
朝臣襄等誠惶誠恐稽首頓首上言竊以備
室諏言聖允資乎兼聽工虞獻誦諫不主
於常員自保氏設於周官始專獻替而箴
尹見諸楚史亦職糾繩秦初置諫大夫秩
則爲郎中令皁囊彈事漢更諫議之名丹
壐司封唐著正言之號徵用悉從名宿寵
隆備極清華其在

皇朝允爲要職六員
詔置分聯鼎鉉之司三等官階咸預軒墀之列
匪直
一人之耳目實關四海之安危茲蓋伏遇
○○○○
恭儉性成
寬仁天縱肅
精憚以事
上帝廣

至孝以奉
慈宮
外庭聞輿馬之音
后苑輟歲時之賞初開諫院
特舉
令彝憫西鄙之遺黎坐連鋒鏑奮
中興之
大烈
簡在股肱改絃方切於

淵衷納約遽膺乎
宸選伏念臣襄等發身江海蚤收跡於
天章襲業箕裘荐登名於
御府每以諤諤自許固常蹇蹇相期曩于正
人進退之間輒效書生狂瞽之論鐫湘共
謫薄游豈類長沙館閣再遷
優召已逾宣室方弘
遠馭允藉昌言念玆朴憨之餘可備論思之
任

御筆親除四諫懽忻交動於縉紳

盛典獨冠

三朝榮遇佇光乎簡冊顴明堂大構豈樗櫟之攸資而宗廟明歆必珪璋之可薦臣等才非周翰空慙補袞之能學謝商巖奚取從繩之益敢不益弘始願誓竭孤忱引綱維而正言本仁義以進諫閑邪陳善期

主聖之是登干進好名豈臣愚之敢避伏願

獨持乾斷正百辟之儀刑

光濬離明闢四門之觀聽
合異方而質物
辨同道以官人
言動有書遠法湯文之敬德
燕遊必在近嘉王魏之貞風
至治丕協於鳳儀
聖瑞蚤徵於麟趾臣等無任瞻
天仰
聖激切屏營之至謹奉

表稱
謝以
聞
第叄場
策
第一問
郭登高
同考試官教授郭　批
非作能揄揚氏
聖祖

皇上心學同天之妙而詞雅義精可以占忠愛之悃矣宜録以

獻

同考試官教授周　批

聖學本於正心此我

皇上獨得其精而並美

聖祖與堯舜者子能鋪張而揚厲之可謂善鳴其盛矣

考試官教諭方　批　敷陳切至非泛濫

聖化者不能

考試官教授袁　批　我

聖祖及我
皇上懋學憲
天為萬世帝王之冠子能以闡麗之詞發之以感懷忠沉思以自效者宜錄之以傳天下
帝王所以端化理之原者惟其心而所以
崇修為之要者亦惟于其心夫帝王以身
握天下之治是天下之大皆其所綱維樞
運而不能外也而所以宰制于中者是謂
化理之原由此而圖天下之務是天下之
道皆其所講究持循而不可已也而有所

以提挈于中是爲修爲之要心者固道之
統會而化理之所出修爲之所繫也故語
帝王之學至此而極而帝王所以握天下
之治亦至此而極知此則我
太祖所以銳意經史以弘
聖學之原我
皇上所以
垂精典謨以隆繼述之善者有可得而揚厲者
矣夫明君以務學爲急宋儒胡安國有是

言矣而執事以爲培養善原權輿治理尤
莫要於嗣服之初迺援商之高宗所以典
學崇德者下詢承學得非謂高宗繼體之
聖君臣之際論學爲詳故援之以爲
聖學之鑑與自今攷之良弼之賚與恭默之思
契焉異數也故金之礪巨川之舟楫旱之
霖雨醴之麴糵羹之鹽梅惟傅說是賴焉
異遇也說所啓沃則于學誠詳矣道欲積
躬也德欲罔覺也曰學古訓曰遜志時敏

曰允懷曰始終言不一而足焉然有要也惟天聰明惟聖時憲合天之道也慮善以動所以合天也抑亦有所本也據典謨紀述執中之道嚴于精一曰精則辨理欲何察也曰一則檢身心何周也故堯之兢兢舜之業業正憂勤之學也禹得之堯舜者也慮善以動其精一之法乎積而爲四海仰德之治振而爲濯濯之靈赫赫之聲正其得之嗣服而繼體之駿烈也漢唐以來

開國者闊略于草昧繼體者因循于故常

諸不暇論矣明帝講經于辟雍至溢環門

之聽章帝講經于白虎觀至習數月之勤

類皆見之即位之初史册韙之宜也然馳

章句而忽體要美聲跡而略躬行大較然

耳進之說命所稱夫固邈焉無聞也後此

宜莫如宋元祐之時哲宗虛冲之賢君也

時而輔臣以呂公著講臣以范祖禹賢臣

也當其即位之初懇爲典學之誨亦後世

所聞見者公著之言曰人君即位宜講求
修德以正其始祖禹之言曰今日學不學
係他日治忽是何肫切而無已也故公著
十事之進如畏天愛民也修身講學也任
賢納諫也薄斂省刑也去奢無欲也皆講
求之實也祖禹鑒古圖之進古今美惡之
迹也皆鑒戒之實也而蘇頌以唐書蘇軾
以陸贄奏議亦皆本諸忠愛之忱而得之
說命之緒者論宋政則嘉元祐厥有由哉

然猶非所以擬於殷高之盛者或學之而
未得其要耳我
國家
天啓之祚爰自
太祖高皇帝本
天縱之資勤典學之務與儒臣論易至養賢及
民則洞識知賢之爲難講洪範至休咎之
徵則極言人事之尤切論漢史則惜孝文
之未遑禮樂論宋史則咎眞宗之首啓天

書凡載之政要者燦然可攷也而尤且究
斯道之原明存心之要如造
觀心亭謂學士宋濂曰人心虛靈乘氣機出
入操而存之爲難朕罔敢自暇自逸謂侍
郎曾魯曰人君一心萬化之本存于中者
無堯舜之心欲施于政者有堯舜之治不
可得也而允執厥中之論淸心寡慾之論
出心得之餘垂告戒之旨信
燕翼之訏謨而傳心之明鑑也嗣是

成祖文皇帝明尚書之義于行墨之外而取精
一執中其語
皇太孫有如此論心能靜虛自然純是天理其
諭學士解縉有如此固與
皇祖之心法先後符契
列聖相承
德學懋著
彝訓所垂歷可指述至我
先帝繼作敬一之訓所謂匪敬弗聚匪一弗純

靜虛無欲日新不已皆所以近稽
皇祖
列聖之心法而遠紹堯舜精一之傳矣欽惟
皇上體睿含靈
執中布度
大聖人之所作爲已無藉于修爲之助者而于
御極之初尤重
經筵之務學古遜志篤自
宸猷眞有遠邁高宗而同符堯舜者一時宰臣

之輔弼講幄之論思固皆傳說納誨之心
而尤不止一說已也矧呂范之疏陳又何
資于博採乎然而化理之原修爲之要雖
羣工啓沃之所既先而臣下忠愛之所不
能已者似不可以不講也嘗稽
國初
經筵未有定所即凡燕息所接皆講論之臣其
以講讀定于
文華殿而著之爲儀實

英皇之初也然于講後府部遇有要務仍令具
悉數陳茲固
今日
嗣服之初所宜詳加攷定而期于時敏無間者
至于究極本原則所講論者其道不出乎
皇上之身而其要不出乎
皇上之心近繹
彝訓如誠一靜虛敬一之旨固卽傅說所稱慮
善之傚憲天之道不外也是道也無外內

無顯隱無暫久而一之者也所謂天之道
也天以太極之理運乎萬物之上眞純之
極而於穆之精也是故照臨爲日月迭繼
爲寒暑鼓潤爲雷霆風雨生化爲動植飛
潛流衍爲元會運世而天之道弗貳也故
其宰握庶類鈞軸元化其道益廣大而不
可極神化而不可窮帝王之道天道也必
合外內合顯隱合暫久而弗貳焉乃所以
爲天道也孔子象易謂天行健君子以自

强不息子思論聖人謂至誠不息至于高
明配天博厚配地悠久無疆皆是道也此
皇上所以爭
先德而契虞廷者正化理之原修爲之要端于
今日爭託始也是故正其衣冠尊其瞻視潛
心以居對越
上帝所以養此心也足容必重手容必恭擇地
而蹈折旋蟻封所以防此心也勿貳以二
勿參以三惟精惟一萬變是監所以持此

心也朱子曰敬者聖學之所以成始而成
終也執事所謂大本大原者意在於此乎
敢敬陳之以爲
聖天子正心之助
第二問
甯仕亨
同考試官教授章 批 仁性合一張程二子之言本非有
二此作推原理要而旨趣淵宏不徒摭拾陳言而已敬羨敬羨
同考試官教授郭 批 談說理道已到精確處是必涵養

本原究心二儒之撰者取之

考試官教諭方　批　發明二子立言之意詞嚴義精

以破俗儒之陋矣三復歎雅

考試官教授袁　批　議論精確心得之士

性之與仁非二道也定性之與體仁非二事也君子知夫合一之道而盡夫致一之功則心與天合而所以普物無心窮神知化者不外是矣何則道一也由太虛有天之名由氣化有道之名合虛與氣有性之

名合性與知覺有心之名而仁則天地生物之心而人得之以爲心者所謂性也故性也仁也心也名雖異而理則一也發之爲喜怒哀樂之情而即性之動也擴之爲宗子家相長幼聖賢疲癃殘疾惸獨鰥寡之分而即仁之施也故定性而後可以體仁體仁而後可以言定性定性體仁而後可以言盡心是故是內而非外者是以性爲有內外也而心之動靜合一者岐矣固

不足以體仁也知有已而不知有物者是
以仁爲有物我也而心之物我無間者離
矣卽非所以定性也知此則程張二子之
言固有同符合券而不可以異視者矣此
非强同之也以其質諸吾心者無弗同也
執事發策而以定性西銘二書下詢承學
且曰張子鄉之先哲程子仕鄠其遺澤尚
有存者意諸士之中亦有私淑而得其槩
者乎茲非愚之所能悉也請誦其所聞而

執事者自擇焉夫心學之傳遠矣自人心惟危道心惟微惟精惟一允執厥中大舜以之授禹而先儒眞德秀謂十六字開萬世心學之源今遡而論之則舜之所以性之者此仁也此心也由仁義行者此性也此心也後之聖賢更相授受言雖互異旨則同歸是故孔子嘗言性矣而所謂繼善成性者正指夫仁之同具也又嘗論仁矣而所謂立人達人者正所以求盡夫心也

降是而子思以至誠盡性而極之於參贊化育孟子論盡心知性而極之於知天事天蓋天人一理仁性一道故求仁所以盡性盡性所以居仁所以發明心學者益詳且盡矣訓詁於漢詞章於唐吾不知於所謂仁性者何如也天啓有宋於是關中之學有鄠簿程子郿人張子出焉一則以天成之資而受學於周茂叔一則以精思之學而聆悟於二程子研精體道亙有發明

大抵宗法孔門嘉惠後學是故定性一書程子所以荅張子者乃其蚤年所自得也其言天地之常以其心普萬物而無心聖人之常以其情順萬事而無情君子之學莫若廓然而大公物來而順應是故貞吉悔亡一其動也艮背行庭養其寂也行所無事順其應也忘怒觀理融其迹也以至於無將迎無內外而動亦定靜亦定焉此程子定性之大旨也西銘一書張子以質

諸二程子者乃其晚年所精思也其言天地之塞吾其體天地之帥吾其性故乾稱父坤稱母民吾同胞物吾與也是故不愧屋漏慎其幾也存心養性密其功也歸全順令貞其遇也存順沒寧立其命也以至於窮神知化而繼其志述其事焉此張子西銘之大較也夫程子之學主於定性而未及乎仁也張子之學主於求仁而未言乎性也其立論固若有異焉者然立論雖

異而至理則同性則仁之所統而言而仁外無性也仁則性之所生而言而性外無仁也以存主則謂之心以降衷則謂之天而初非有二也故性者天地萬物之一原而仁者以天地萬物為一體程子之定性如內外兩忘似不可以言仁矣然廓然大公者即仁之所以為體物來順應者即仁之所以為用而以有為為應迹以明覺為自然皆所以克去夫自私用智之累以成

夫民胞物與之仁者定性固所以求仁也張子之西銘如物我一視似不專於論性矣然分殊理一者卽性之所以敦化穪物平施者卽性之所以川流而于時保之不愧屋漏皆所以充盡乎踐形惟肖之實以成夫廓然大公之妙者求仁固所以定性也二子之學通一而無二如此君子於此不泥其說之異而惟究其理之同動靜皆定而不累於物存養匪懈而無忝所生於

乾坤天地觀其理於仁人聖人立其的於萬事萬物同胞吾與究其量於喜怒是非富貴貧賤隨其感則自其性之定也而喜怒正焉舜之所以誅四凶者此也孔子之所以誅少正卯者此也而何莫非仁之發也自其仁之發也而順逆一焉周公之富而不至於驕者此也顏子之貧而不攻其樂者此也而何莫非性之盡也夫然後天下之父母兄弟萬事萬物皆在吾心此心

之神化與普物者合其常此心之明覺與
踐形者同其肖可以爲仁人而入聖域矣
信乎有定性工夫則可以盡仁人事天之
理有求仁工夫則可以盡聖人順事之常
而二子之書可以合而言之矣而議者乃
以西銘爲兼愛之流漫不可求而以定性
爲作聖之功似乎有執此蓋未知張子之
深者夫程子曰訂頑之言極純無雜秦漢
以來學者所未到又謂訂頑立心便可達

天德而伊川謂西銘是原道之宗祖夫其
爲二程子之所稱許如此此可以見定性
西銘初無軒輊而張子之學又得程子而
後明則二子推衍道脉之功程子爲尤大
已善乎朱子之評曰明道之學從容涵泳
之味洽橫渠之學苦心極力之功多其二
書之確論乎方今
聖化覃敷理學昭晰天下之士固有曠世相感
以紹二子之傳者愚未之逮也而竊有志

爲執事其進教之幸甚

第三問

任國相

同考試官教諭馮 批 策以威寬爲發明之本卓[illegible]

折衷治道而不詭於聖人之學參而稽之天下稱有[illegible]

目以俟

同考試官教授章 批 聖人以仁義治天下固不出[illegible]

二者而體用之間施之有序允稱經國[illegible]而不拘拘於[illegible]之見

有用之士也錄之

考試官教諭方　批　精切詳當而後節議論尤爲可進

考試官教授袁　批　詳而有體

嘗謂論治者貴識體辨治者當審幾何謂體植國之經是也何謂幾採時之權是也故爲治者必先定所尚以立一代之規模而審時達變乘其弊而維之夫然後足以待治於不窮此三代之治其享世長遠而民不苟簡有以哉是故忠敬迭施質文異用標其教則殊制臻其極則同歸然而三

王所尚弗同者非欲自異耳蓋因時立政
各隨其運而已究其治則協道德以同風
仁之名未立也而威嚴之化未嘗不寓乎
其內不俟乎民之旣慢而後糾之以猛也
齊法制以防僞義之名未立也而寬大之
體未嘗不行乎其中亦不俟乎民之旣殘
而後濟之以寬也仁義並用剛柔適宜此
三代有道之長而後之爲政者其有所持
循乎昔周公治魯尊尊親親已見於立國

之初故期年報政其後則有怠緩寖微之憂太公治齊舉賢上功未忘夫鷹揚之習故五月報政其後則有急迫爭奪之患夫齊魯皆聖人之遺也仁義之效章章著明而末流之弊或寛而爲弛或猛而爲爭非立法有未善也使爲之後者能世守其道則齊魯亦三代耳又何有於弊哉炎漢之興治猶近古文帝敦朴示儉以德化民一時刑措庶幾成康潛室陳氏謂其純任德

教似矣若張武受賂賜以金錢不幾於寬而縱乎宣帝躬親庶務綜覈名實漢世得人於斯為盛仲素羅氏謂其能識治體似矣若杜延年治郡詰責不進不幾於嚴而迫乎夫文宣皆漢之明主也寬猛之效所得各異然一則雜於黃老一則流於申韓要之非純於王者也是以其治僅得其一偏尚無望於齊魯耳況三代乎是故仁義者主乎寬嚴者也寬嚴者所以濟仁義之

不及也蓋寬非弛之謂也失之則流於姑息嚴非刻之謂也失之則過於彊察用得其道則可以轉弱爲彊易危爲安用失其道則以水濟水以火濟火而無裨於治昔者子產處衰周之列國以區區之鄭稱伯於諸侯孔子嘗以古之遺愛稱之矣今考其相鄭如制參辟鑄刑書立法雖嚴而其心則主於愛也觀其告子太叔寬猛之旨要之期以使民之不犯耳孔明用西蜀之

一隅嘘炎劉之燼鼎立于三國程子嘗以王佐之心稱之矣今考其治蜀如賞不遺遠罰不阿近立治雖嚴而其心則主於德也觀其治世大德之言要之一開誠布公之誼耳彼二賢者謂之因時救弊則可然溱洧乘輿見闢於孟氏簿書躬校取議於楊顒僑亮之政豈盡知大體耶至宋蘇洵審幾之策似有見於天下之勢矣然王伯之辨不啻碔砆美玉彼謂任德者不必王

任刑者不必伯而以周秦之國勢並較其
得失亦不過策士之見耳果皆得其當乎
元晦論官之說誠有得於爲政之要矣然
寛嚴之施先後亦自有辨且不欲一意任
法而終歸于平易宜民其與南軒所謂仁
不得義則不行直互相發耳義豈有不同
乎要而論之齊魯之治並立而一變至道
夫子獨以與魯文宣之治並稱而培漢四
百年之天下史氏獨歸之文帝周秦之勢

互異而仁厚植國有天下七八百年詩書
所載孰與文武成康故孔子論政則曰威
而不猛論仁則曰寬則得衆彼子產之告
太叔亦未盡得其中而武侯之明於治蜀
初非過嚴之政然聖賢終不以彼易此其
意斷可識矣此可見植國之經本之以仁
而輔之以義也匪仁厚則無以衍國脉捄
時之權主之以嚴而濟之以寬也匪嚴治
則無以飭人心二者並行不悖不可以一

偏廢耳洪惟我

朝

太祖之所貽謀

列聖之所紹述仁漸義磨重熙累洽二百年于

茲安寧涵育之恩徧於海宇因循弗振之

弊見諸政事廓乎無以議矣然承平日久

文武嬉恬特勢所趨或不能無偏而不舉

之處則振民和衆之道要亦所必講者方

今

聖主臨御
勵精圖理
敦仁儉以先天下
廣延納以培化原將追虞夏之忠以復三代
仁義之治愚何幸而躬逢其
盛然竊願有
獻焉蓋
國家有元氣有神氣立國之大體惟在元氣
元氣欲固惟固則家國天下如四肢百骸

舉惟吾志之所欲爲是故仁以養之者不可緩也誠以鄉會之禮讓養士習以文武之德澤養民心尤必協道德以同風而俾內之順治者一如天之所以生萬物陽春一煦而天下以長以育則

帝王渾厚之治體于是乎益敦矣致治之大幾惟在神氣神氣欲張惟張則紀綱法度如持弧省括要不出乎機之所決釋是故義以振之者不可緩也誠以臨淄之上功振

吏治以成康之有道守四夷尤必飭法制以起怠而俾外之威嚴者一如天之所以成萬物陰肅一翕而天下以收以藏則

帝王明作之治功於是乎益舉矣雖然惠而罔威則不畏威而罔惠則不懷二者並修而覈實於百司庶府之間則

意向所示天下回心將見

人君之尊如天運於上政令象諸四時臣鄰猶之五行之吏各宣其氣而歲功成矣此非

愚之私言也周公曰平易近民民必歸之太公曰賢君之治國其政平其民不苛其自奉薄言治之植乎經也箕子陳洪範曰沉潛剛克高明柔克孔子善商政曰不競不絿不剛不柔言治之達乎權也仁義並施經權迭用則三代之治將遠過之而堯舜雍熙之盛庶進於無疆哉此固愚生芹曝之私而欲效之忠愛者也敢以復諸明

問

第四問　李邦憲

同考試官教授周　批　諸士子論人折衷於至當者蓋鮮不能考其世察其心而求其合一之歸即諸賢有知亦當心服矣

同考試官教授章　批　博古通今之學經世達道之論盡得之可占德行文章矣

考試官教諭方　批　考據詳明而評隲先賢確有定見是嘗究心於尚論之學者

考試官教授袁　批　議論精當讀之令人爽然

古人之有聞于世不能不岐之爲二致者才之異也其素藴于中不能不會之於一原者理之同也是故或立言而載諸簡篇立功而見諸事業至弗一也要必有本之者道德是也故發之爲文學一道德之英華足以永後世之傳措之爲事功一道德之端緒足以濟天下之事是以君子尚論古人也必本之道德而不專在於學業則是非有所折衷或器取而不爲怨或求備

而不爲刻而天下之權衡定矣趨向有所決擇或遠慕而不爲高或近取而不爲泥而天下之學術審矣噫執是以論天下之材可也執事發策而以雍之人材下問愚生之見誠若以蠡觀海固不足以測洪深者願姑述所聞以就正焉昔孔子答子路問成人取四子之長而文之以禮樂此論人之槩也孟子舍夷惠伊尹而自謂願學孔子此尚友之法也雍自古昔賢聖繼出

說者以爲山川之勝甲於天下河嶽所鍾精英莫秘稽諸往牒有伊尹爲堯舜君民阿衡左右元聖之謨于今爲烈矣觀其一德陳戒有曰德無常師主善爲師善無常主協于克一其莘野之所得者何如也有太公爲時維鷹揚佐命變伐尚父之動有詞不世矣觀其丹書進戒有曰敬勝怠者吉怠勝敬者滅義勝欲者從欲勝義者凶其渭濱之所得者何如也謂之學術則無

專名謂之事功則無近利二聖人者卓乎
不可尚矣嗣及後世以文學鳴者吾得數
人焉司馬遷講業齊魯馳騁百家信良史
材矣董景道隱居商洛精究三禮有通論
著焉深博有材著典林而詳紀世事非韋
憲道乎通明興廢解春秋而左右丘明非
杜元凱乎寄情詩歌律躡騷雅而有詩史
之稱則杜甫其人焉傳易後學鉤抉指玄
而著釣潭之集則陳摶其人焉之數賢者

觀所著述似專于學術矣然積之厚者必
施之遠以徵之守七郡而清化著名號杜
父而衆庶感德謏也預也不謂之事功可
乎至于子長少陵終于落落者但當時未
及進用耳觀其救李陵夷族之禍以全漢
恩惜房琯敗績之才以圖後效豈無補于
國事者耶文博圖南甘于放逸者但當時
有見于高尚耳觀其草衣木食而拒劉聰
之召治世安民而喜宋主之興豈無意于

斯民者耶由是言之學術具而兼能表見于事功則不爲無用矣以事功顯者吾得數人焉蘇武抗節單于而氈裘奪氣其節凜矣魏相勑法茂陵而强禦屏跡其治卓矣三異見於中牟以彰循良之化任曾仲康有如此者四知嚴於却金以勵清修之節任楊伯起有如此者以少擊衆敗突厥於定襄者李靖也決策親征拒契丹于澶淵者寇準也之數賢者觀所建立似專于

事功矣然而發于外者必本諸中以出之執禮習詩同諸儒于白虎明經博覽號夫子於關西恭也震也不謂之學術可乎至於弱翁平仲相業懋矣蓋非倖成也學易而舉賢良表章賈董之策折節而讀春秋佩服張詠之言其得之學力者何如耶藥師子卿將烈顯矣蓋非偶致也閑將帥之略而問對有錄答李陵之書而忠孝不忘其得之素養者何如耶由是言之事功著

而亦能歸本于學術則不爲無體矣雖然
諸賢所立者言也所著者功也所本者心
也其未純者道德也是以學業各得其一
偏而不能以無駁然溺志黃老者或失之
憒緫職嚴毅者或失之刻纂述秘要者擬
其爲鑿號稱武庫者指其爲癖希夷之役
志玄學景道之非駁諸儒律之聖人大中
之道或不若是之偏也拾遺之曠放不檢
平仲之剛褊招讒律之聖人愼修之則或

不若是之疎也天地本無二知識者以爲言之漓帛書得於鴈足疑者以爲計之詭李靖釋縛成功或訾其非致身之忠曾楙坐事免官或議其昧見幾之智是其以學鳴者不過絺章繪句以爲奇以業顯者未免近利小補以爲功要之於伊呂之道均之有未合焉耳雖然論人者權衡貴審而持論貴恕尚友者立志貴高而取法貴備二者自不相悖也然則將安取衷乎是故

吾於子長取其辯博之才於子美取其憂國之志於希夷取其高蹈之識而董韋元凱諸人不與焉吾於子卿取其有許國之節於伯起取其有清白之操於平仲取其有戡亂之略而魏曾李靖諸人不與焉顧非所願學也無已則伊尹太公焉窮則誦詩讀書主敬行義而非伊呂之道則弗師也達則效一德之謨遵丹書之訓而非伊呂之道則弗陳也體用合一德業並隆而

於山川之靈英哲之美庶其無負矣否則非聖門取人之槩而失之苛非孟氏尚友之法而失之隘豈愚生所敢知哉惟執事恕其狂而教之幸甚

第五問

魏雲霄

同考試官教諭李　批　禦戎之道惟戰與守而以今日之勢論之則以守為戰所謂不戰而屈人之兵乃善之善者也此篇條答詳明區畫曲當用以籌邊可謂得勝算矣子其經濟之士乎

同考試官教諭馬　批　練達邊務諸所條畫皆可施行不

特經生之談而已錄之以備當事者採焉

考試官教諭方　批　慷慨陳猷必有志於用世者

考試官教授袁　批　其事核其識精諸鎮機宜如指諸

掌文事武備必子其選矣敬服敬服

天下之事莫重於邊不可以不講也天下之事莫難於邊不可以易講也夫攘外所以安內固圉所以輯民因循於積弊之後而玩忽於治安之時則其勢將至於潰裂

而不可救此邊事之當講也然兵凶器也戰危事也成敗懸於頃刻勝負決於須臾不至其地而漫爲之說以至於僨事而不可爲此談兵者之過也是故不可易也故談不如見億不如歷策之而知得失之計作之而知動靜之理形之而知死生之地角之而知有餘不足之處因險而備之其守不可破也因敵而禦之其攻不可却也然後可以語制胡之策矣夫盈庭衆議不

如制越之一奇數年聚謀不如借筯之片晝多筭勝少筭不勝而況於無筭乎而愚非知筭者也其何以塞明問雖然嘗聞之矣夫三秦

國家之右臂也自東勝內徙而朔方故區遂爲黠虜住牧之地每及秋高輒爾竊發而今則屢與窺伺不特防秋於一時矣議者以爲禦胡之策不出戰守二者稽之往牒則躬率士師而獲匈奴王十餘人者衛青

也登臨瀚海而執訊七萬餘級者霍去病
也決策深入而吐谷渾多所俘獲者李靖
也乘虛取漠南地於河北築三受降城者
張仁愿也是皆古之善戰者也今欲襲其
事而爲之戰則强弱異勢矣衆寡異形矣
輕重異權矣進退異謀矣如之何其戰可
襲也守北地而匈奴遠避者非李廣乎屯
金城而先零坐困者非趙充國乎建順德
軍而元昊稱臣者非韓魏公乎大順旣城

而白豹金湯皆不敢犯者非范文正乎是皆古之善守者也今欲襲其事而爲之守則文法制之矣多議撓之矣爲者未幾而代者入舍矣知之何其守可襲也甚矣古之不可行於今而法之不可泥也夫攻而必取者攻其所不守也守而必固者守其所不攻也故善攻者敵不知其所守審其虛實而已矣善守者敵不知其所攻審其要害而已矣賊之大舉而來也利於速戰

吾為之也據險要堅壁清野避其鋭而老其師可也俟其滿載而歸也艱於速行吾為之抄其餽餉奪其俘掠擊其惰而趨其所不意可也步兵寡也利用隘依丘陵險阻而邀之發以勁弩衛以利戟是立於不敗之地而不失敵之敗也騎兵衆也利用平陣平原曠野以待之列以車轄佐以火攻據其水口處其高陽使其騎不得突衆不得馳是畫地而守之敵不得與我戰者

乖其所之也夫是可以言戰矣而戰固所以為守也自鎮靖而東也無牆可恃則守堡塹山濬溝扼險置戍嚴其防禦而遏其深入可也由鎮靖而西也有牆可恃則守牆分兵守要險備無懈謹其烽燧遠其偵探而阻其踰犯可也無所不備則無所不寡以我寡當彼眾以我分當彼聚非計也為之曲其道而迂其途撤其空而併力于敵臺橫擊而夾攻之是我專為一敵分為

十而吾所與戰者約也以方丈之墩臺星稀之弱卒無宿飽之糧而守之數月之久非便也爲之弛於晝而嚴於夜佐之雞犬而節其力足其食而稽其逃亡是以佚待勞以飽待饑此治力者也夫是可以語守矣而守卽所以爲戰也雖然用兵之道全軍爲上破軍次之全旅爲上破旅次之是故百戰百勝非善之善者也不戰而屈人之兵善之善者也趙充國受命誅罕幵也

使之速戰非使之屯守也充國按兵不動屯田積穀卒以破罕幵往蹟可鑒已故今日之事酌二者而劑量之守為上戰次之而逗遛之誅觀望之禁以吏事責戎事者宜有所重昨甎井之入犯也將不知其不可以進而進之卒以僨事何則忽速可侮乃自古而記之矣以至上廑
廟堂之慮拳拳以選將練兵設備足餉令按部之臣條議而振飭之議之誠是也以其

資戰守也自今言之取之世冑拔之武科
鈙之馘級可謂選之盡其法矣而將才未
盡獲者何哉無亦廣進用之途開使過之
路栰因材之任而不拘於一定之法可乎
列之營陣走之部曲角之技射可謂練之
盡其法矣而勁兵未盡出者何哉無亦尊
君親上以練其心進賞退刑以練其膽奇
正分合以練其陣擊刺攻圍以練其技而
不拘於虛具之文可乎擇人而守以信地

整旅而聽其應援似可以言設備矣恐其奉行之非實也其必誅大以爲威賞小以爲明使其畏法過於畏我畏我過於畏敵勇於進戰而怯於退縮可乎有民運以輸額辦有

京運以資匱乏有鹽易以待調遣似可以言足食矣恐其徵解之非時也其必興屯田以裕邊鄙復鹽法以藉飛輓使其兵有餘食商有餘利士飽而歌皆願一戰而不安

於退避可乎然而未也夫任將而後可以言選將是故明推轂之權厚廩餼之奉弛中制之禁則化懦爲勇而名將出矣足兵而後可以言練兵是故淸包占之役罷入衛之戍禁掊尅之風則轉弱爲强而精兵出矣有備而後可以言設備今之墩與堡也壕與塹也果皆崇峻而深闊乎不惜重費不計歲月增深而益厚之則設險守國而備足恃矣稽餉而後可以言足餉今之

受粟於倉也置芻於官也果皆足數而無
弊乎革其冗支禁其虛出防其通同量其
入而出之則弊端清而食可足矣雖然將
之所麾莫不從移將之所指莫不前死則
選將尤戰守之急務而信賞必罰一任其
展舒操縱之權而無牽制迫促之患此則
執事之所謂機而不可以不預者也而尤
非所恃也耀德以宣威修內以攘外端拱
於穆清之上而加意於邊陲節儉於服御

之供而垂情於士卒則無怠無荒四夷來
王剗區區奎虜之足言乎吳子曰發號施
令而人樂聞興師動衆而人樂戰交兵接
刃而人樂死此三者人主之所恃也執事
所謂要者意在斯乎敢以是足安攘之議

陝西鄉試錄後序

夫知人之道豈不自昔稱難哉迺攸賓於今日所舉士則竊信其有翊世庇民傑然負天下之望者以應其求此非億之也誠慶其所遭遇則然矣從古來天下未嘗無才至

其用之有效與不效焉此曷故哉宗匠陶鈞則羣工緝熙風美所被其應如響易不云乎飛龍在天利見大人又曰聖人作而萬物覩明良所遭未之或違也恭惟我

皇上以首出之

睿資膺當
天之丕運
凝命改元此
飛龍在天之時也
湛恩汪濊
精曜光昭譬之陽春方煦萬類
愷懌喁喁然感

協氣以滋生矧其迪德之士有
不應時而奮矯首鼓翮共熙
隆昌者乎夫登英彥以弘
大業者
聖王之懿軌也躡
景運以揚
休光者儁士之偉摹也攸賓嘗

伏覩我
皇上涖極以來
明綸屢下
垂注賢科
惓惓以正文體端士習爲急
淵衷所嚮率先
躬行究

皇儀而展
帝容
幸辟雍而
賁俎豆
聲教所暨遐邇易聽一時章縫
之士莫不崇雅而黜浮刋華
以敦實汰雕蟲之故習返之

乎至淳此千一之極遭古今
之盛際也攸賓方馳入關既
屆期入院御史楊鈐率內外
簾百執事焚浣對明神誓之
矢公矢慎防範約束視昔益
悉且精焉攸賓等益加飭期
得真才以仰副

德意已得諸士所爲文縱觀之類
皆根極道腴折衷聖撰稽擬
故實紬繹心精有析理幽微
冄素無爽森然壁立則太華
之崢嶸崆峒之嶒崒也有筆
酣泉湧一瀉千里渤然東下
則大河之横逝涇渭之滈溘

也有味腴搴芳摛錦布秀獨
見新知紛披迭奏則能耳龍
首之競奇九變兩岐之錯峙
也美哉文乎軼埃碣之混濁
鮮灝氣之清英視昔詭誕不
經勦故說而忘本實負乎別
矣兹其濯沐

聖化風動於人文者乎夫心以言
宣士以時起三秦夙稱九州
之上腴天地之隩區英哲所
興自成周迄今文武忠孝之
士星貫飈集何可勝道頊復
際
聖作之期適丁卯文明之運元禩

元科網羅元俊以翼
元命若相待而成焉此於諸士
文貯審矣故攸賓於事竣直
信其必有負天下之望者以
應其求誠慶其有所遭也迺
攸賓不敢徼以自幸顧慄慄
私憂而竊慮之蓋嘗莊誦我

太祖高皇帝開科之
詔有曰自慮官非其人有傷吾民
願得君子而用之大哉
聖謨光揭宇宙垂之罔極知人安
民之道炳若日星矣迺今恭
遇
皇上首科取士四方譽髦回慮嚮

風庶幾經明行脩以需安民
之用矣而攸賓固慄慄增懼
焉豈爲諸士過計哉亦以今
日所校者文耳諸士之行若
心直以文意之耳夫靜言庸
違先資而終不副者亦間有
之諸士行將服官政膺康濟

之務矣居常吐仁談義莫不
期策勳名寧
社稷迨其一見紛華則靡然失
其所懐此無乃於初指刺謬
乎夫藍田之玉投諸大冶而
色澤不變故見珍於天下脫
或外煒而中無良焉則匠氏

弗顧矣攸賓懼多士之類曰
也敬取秦中載籍爲多士規
之秦誓有曰若有一个臣斷
斷兮無他技以能保我子孫
黎民尚亦有利哉夫斷斷之
臣卒以利國士之不貴於技
如此此諸士所習聞也願相

與永懷之以光輔
聖天子太平之治
河南衛輝府新鄉縣儒學教
諭方攸賓謹序